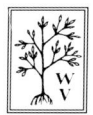

THOMAS RADBRUCH

LÜBECK
BILDERBUCH

MIT EINEM TEXT VON LUTZ WILDE

VERLAG BOYENS & CO.

DENKMAL LÜBECKER ALTSTADT

Das „Lübeck Bilderbuch" von Thomas Radbruch fesselt den Betrachter und Leser mit der offenbar gewollten Gegensätzlichkeit von Bild und Text.
Die kenntnisreiche, von Lutz Wilde ins einzelne gehende Beschreibung der Straßen, Häuser und Monumentalbauten, deren historische Anlage und Architektur die UNESCO in Paris 1987 veranlaßte, Lübeck den Rang eines Weltkulturerbes zuzuerkennen, erhält durch die bildliche

Darstellung ausgewählter Motive der Gediegenheit des Stadtbildes eine Bestätigung, die überzeugt und begeistert.

Die Fotografie von Thomas Radbruch ist mehr als ein reales Spiegelbild der Hansestadt Lübeck, sie läßt das Wesen der Stadtseele spürbar werden. Seine Sichtweise lübscher Stadtherrlichkeit erinnert an einen großen Vorgänger, Albert Renger-Patsch, der Lübeck in den 20er Jahren dieses Jahrhunderts in einer bisher nicht gekannten Ausdrucksstärke ins Bild gebannt hatte. Seine Sichtweise Lübecks hatte Thomas Mann zu dem freudigen Geständnis herausgefordert: „Die Welt ist schön".

Für Thomas Mann, der sich mit seinem Lübecker Roman „Die Buddenbrooks" in die Weltliteratur geschrieben hatte, gab es Fotografen, die den Namen des Künstlers schweigend, aber nachdrücklich durch ihre Leistungen in Anspruch nehmen durften. Zu ihnen zählte er Renger-Patsch, „der voller Entdeckerlust den Erscheinungen mit jener exakten Liebe und energischen Zartheit zugetan war, die nur das Künstlerherz kennt".

In diesem Sinne erinnert auch Thomas Radbruch mit seinen Bildern an die „magischen Ecken und Winkel", die Lübeck so lebens- und liebenswert machen. Sein „Lübeck Bilderbuch" erlaubt es, den Ausdruck Kunst auf seine Fotografie anzuwenden.

Lübeck, im Mai 1999

Dr. Robert Knüppel

ZU ENTWICKLUNG UND STADTBILD

Die planmäßige Anlage des Stadtgrundrisses geht auf die 1158/59 durch Heinrich den Löwen vorgenommene zweite Stadtgründung zurück. Auf dem Höhenrücken des ovalen Hügels verlaufen die beiden längsgerichteten Hauptstraßenzüge Breite und Königstraße zwischen den Plätzen Koberg im Norden, Markt in der Mitte und Klingenberg im Süden. Von dieser Achse führen die übrigen Straßen gleichmäßig nach beiden Seiten abwärts zum Wasser hin. Waren die zum Stadthafen an der Trave im Westen abfallenden Straßen den Kaufleuten vorbehalten und daher am dichtesten bebaut, so finden sich in der östlichen Stadthälfte die Handwerkerviertel sowie Klöster und Stiftungshöfe. Hingegen zeigte sich der Bereich um den Dom herum im Süden durch die Sitze der Domherren und die Straßen der Flußschiffer bestimmt.

Akzente setzten von Anfang an die alles überragenden großen Kirchenbauten und Klosteranlagen, in deren Umgebung sich die Bebauung entwickelte. Schon in der zweiten Hälfte des 12. Jahrhunderts standen die romanischen Vorgänger der heutigen Kirchen in wesentlichen Teilen, ihnen folgten seit dem frühen 13. Jahrhundert Klöster sowie die wichtigsten Profanbauten wie das Rathaus und das Hl.-Geist-Hospital. Seit 1225 umgab eine Stadtmauer den erst zum Teil bebauten Gesamtbereich. Mit der Ausweitung des Handels und dem Zusammenschluß der Städte im Hansebund, dessen Führung Lübeck übernahm, wurde die Stadt im 14. Jahrhundert nach Köln zur zweitgrößten Stadt im deutschen Raum. Im Wohnbau griff man die an den Sakralbauten entwickelten Formen auf und setzte sie bei der Gestaltung der Backsteingiebelhäuser um. Daneben gab es aber gleichermaßen bescheidene traufständige Wohngebäude. Die Straßenfronten repräsentierten gleichzeitig die Stellung der jeweiligen Eigentümer, indem hier neben der reinen Konstruktion die Schmuckfreudigkeit ihren Ausdruck fand. Der durch Blendenschmuck aufgelöste Treppengiebel hielt sich seit dem 13. Jahrhundert durch alle Stilepochen bis in das Industriezeitalter hinein und folgte dabei dem sich wandelnden Formempfinden. Vor allem seit dem 18. Jahrhundert wurde es üblich, die Backsteinhaut der Gebäude mit Schlämme oder Putz zu überziehen, so daß sich das Erscheinungsbild der Straßen erheblich veränderte. Erst das fortgeschrittene 19. Jahrhundert brachte mit seinem wirtschaftlichen und industriellen Wandel größere Einbrüche in das kontinuierlich gewachsene, jedoch in seiner Grundstruktur nie angetastete Stadtbild. Neue öffentliche Bauten größeren Maßstabs sprengten mehr-

Die Altstadt mit ihren beherrschenden Kirchenbauten von Nordosten

fach den bis dahin vorgegebenen Grundstückszuschnitt, Neubauten ohne Bindung an das Vergangene traten an die Stelle alter Bürgerhäuser, und Geschäftsstraßen neuer Prägung verwandelten das Aussehen der Altstadt, die allmählich zum Zentrum einer stark wachsenden Großstadt wurde. So ging gerade in der Übergangszeit vom 19. zum 20. Jahrhundert ein erheblicher Teil des alten Baubestandes verloren, da man bestrebt war, durch entsprechende Erneuerungen mit der allgemeinen Modernisierung Schritt zu halten.

Hatten diese Eingriffe schon wesentliche Veränderungen zur Folge, so brachte im Zweiten Weltkrieg der erste gezielt auf einen deutschen Stadtkern geflogene Luftangriff in der Nacht vom 28. zum 29. März 1942 die wohl größte Katastrophe in der Geschichte Lübecks. Noch nie waren auf einen Schlag ganze Straßenzüge ausgelöscht und so viele Kunstwerke zerstört worden. Unersetzbare Zeugnisse lübischer Kultur fielen den Bomben zum Opfer. Ein großer Teil der westlichen Stadthälfte um die Marienkirche und damit das durch die Fülle seiner stattlichen Bürgerhäuser ausgezeichnete Kaufmannsviertel ging verloren. Die abgeräumten Flächen erfuhren in den 1950er und 1960er Jahren eine Neubebauung, die sich gerade in den wieder zu schließenden Lücken völlig von Vergangenem löste und durch traditionslose Neugestaltung abhob. Gebäude- und Grundstückszuschnitte setzten sich über die historischen Parzellenbreiten hinweg, aus Verkehrsgründen gewählte neue Straßenfluchten wichen vom früheren Verlauf ab und brachen Schneisen in den alten Stadtgrundriß. Auf diese Weise verlor gerade die Stadtmitte mit Markt, Kohlmarkt, Klingenberg und den um diese Plätze liegenden Straßen ihr altes Aussehen; Marien- und Petrikirche erhielten ein neues Umfeld. Trotz des hohen Anteils der Kriegszerstörungen und Umformungen hat Lübeck dennoch einen großen Bestand alter Bauten in seinen nördlichen, östlichen und südlichen Altstadtteilen bewahrt. Auch sind in der Zeit des Wiederaufbaus Hochhäuser in der Innenstadt nie zugelassen worden, so daß die seit dem Mittelalter bekannte typische Lübecker Stadtsilhouette mit ihren hoch aufragenden sieben Kirchtürmen auch heute noch die Anreisenden von allen Seiten begrüßt.

Stadtseitiger Giebel des Holstentores. Der Mond scheint die Wirkung des mittig über der Lukenreihe des obersten Geschosses angeordneten Fialengiebels noch zu steigern. Deutlich zeigt sich der wirkungsvolle, durch die Glasurziegel unterstrichene Schichtenaufbau des Mauerwerks. Die Gliederung des Giebels ist alt, nur die oberen Teile der Türmchen wurden bei der umfassenden Instandsetzung des Holstentores im vorigen Jahrhundert ergänzt.

DER EINGANG IN DIE STADT

Den von Westen kommenden Besuchern Lübecks bietet sich das wohl beeindruckendste Bild der Stadt in der gleichzeitigen Wahrnehmung hochrangiger Backsteinbauten. Zunächst überquert man die sogenannte Puppenbrücke, benannt nach den hier auf den Steinbrüstungen stehenden lebensgroßen allegorischen Sandsteinfiguren und Vasen des 18. Jahrhunderts, die beim 1907 erfolgten Neubau von der vorhergehenden Brücke übernommen wurden. Hier liegt das wuchtige, 1466–1478 von Ratsbaumeister Hinrich Helmstede nach dem Vorbild flandrischer Brückentore als Doppelturmanlage erbaute Holstentor, Wahrzeichen des wehrhaften hansischen Lübeck, direkt in der Blickachse. Links hinter ihm erscheint die mächtige, 1351 vollendete Doppelturmfront von St. Marien, deren beim Luftangriff 1942 verbrannte Turmhelme 1956/57 wiedererstanden. Zur Rechten des Holstentores liegt die Gruppe der ehemaligen Salzspeicher an der Obertrave, einst zur Lagerung des von Lüneburg über den Stecknitzkanal hierher transportierten Salzes bestimmt, bestehend aus sechs unterschiedlich geformten mehrgeschossigen Backsteingiebelbauten des 16. bis 18. Jahrhunderts. Dahinter erhebt sich der schlanke Turm der Petrikirche, dessen spätromanischer, in gotischer Zeit veränderter Unterbau 1414–1427 um die voneinander abgesetzten, nach dem Vorbild von St. Marien gegliederten spätgotischen Obergeschosse ergänzt wurde. Die hohe Helmpyramide mit den vier charakteristischen runden Ecktürmchen ist 1960–1962 in Anlehnung an die 1942 vernichtete alte Form wiederhergestellt worden.

Puppenbrücke. Die massive Steinbrüstung der Puppenbrücke bereichert der heute durch Kopien ersetzte, 1774–1776 von dem Bildhauer Dietrich Jürgen Boy geschaffene Skulpturenschmuck. Die Originale befinden sich im St.-Annen-Museum. Von links nach rechts: Neptun mit Dreizack, eine freie moderne Nachschöpfung der 1936 zerstörten Statue von 1989, Vase mit allegorischem Relief „Fleiß und Sparsamkeit", Freiheit, Vase mit „Ackerbau und Viehzucht", Friede und Merkur. Der zur Stadt gewendete Merkur stützt sich mit der Linken auf einen Warenballen. Rechts erscheinen die Dreieckgiebelfront des zweiten Salzspeichers, dahinter die Rückseite seines zur Obertrave gerichteten Stufengiebels und der untere Teil des Petriturms. In der Mitte schimmern die Glasurziegelschichten des südlichen Holstentorturmes durch das Laub. Die hier außerdem wahrnehmbare helle Fläche gehört zu der barockisierend nachgebauten Schweifgiebelfassade des Hotels Jensen an der Obertrave.

Holstentor und Marientürme. Über den zwischen 1864 und 1871 frei rekonstruierten Stufengiebel zwischen den Kegeldächern an der Feldseite des Holstentores richtet sich der Blick auf die Türme von St. Marien. Diese erscheinen in streng aufgebauten Geschossen, jeweils gegliedert durch ein Paar zweiteiliger Spitzbogenfenster mit darüberliegendem Fries aus Vierpaßblenden, die Kanten aus Granitquadern gefügt. Über den abschließenden hohen Dreieckgiebeln setzen die schlanken achtseitigen Helmpyramiden an.

Die beiden Seiten des Holstentores. Die Front der Stadtseite wirkt bei nächtlicher Beleuchtung in spätgotischen Zierat aufgelöst. Zwischen den Geschossen durchlaufende Terrakottafriese binden die Blendenfolgen in eine strenge Schichtung ein. Gegenüber der weitgehend renovierten Feldseite zeigt diese Gliederung noch den originalen Bestand, der hier die Türme als Teil der Fassade erscheinen läßt. Erst an den im Dunkel verschwindenden Helmansätzen sind diese von hier aus als selbständige Bauglieder wahrzunehmen. Wehrhaft geschlossen tritt hingegen die Feldseite als Bollwerk am Traveufer mit den Türmen hervor, weit sparsamer gegliedert, teils mit Schießscharten versehen. Der Schmuck des Mittelteils geht auf die grundlegende Restaurierung in den Jahren 1864 bis 1871 zurück. Das Innere wurde 1933/34 durchgreifend unter Berücksichtigung des alten Bestandes mit großen Nischen für die Geschütze und Schießschar-

ten in vier Geschossen instandgesetzt. Es beherbergt heute die stadtgeschichtliche Sammlung (Lübecker Stadtmodell), Bodenfunde der Grabungen in Alt-Lübeck und der Altstadt, Hausmodelle, historischen Stadtansichten und Schiffsmodelle.

Obertrave mit Salzspeichergruppe. Im 13. Jahrhundert standen an dieser Stelle neun der Stadt gehörende schmalere Heringshäuser, die im frühen 16. Jahrhundert in den Besitz von Salzhändlern übergingen und später durch die heutigen Gebäude ersetzt wurden. Der malerische Block sechs unterschiedlich geformter, zunächst der Lagerung von Salz, später von Korn dienender Speichergebäude steht mit dem Wasser in unmittelbarer Verbindung. Die Backsteinfronten stammen aus verschiedenen Zeiten. Ganz rechts eine Stufengiebelfassade von 1599, daneben zwei etwa gleichaltrige Gebäude, deren Giebel im 18. Jahrhundert barockisiert worden sind. Die beiden südlichsten Speicher kamen erst um 1745 dazu, passen sich jedoch in ihrer Gestaltung den älteren Bauten an. Die einst zum Wasser geöffneten Portale sind heute nicht mehr begehbar. Das Innere wurde nach 1950 vollkommen für die Nutzung als Kaufhaus verändert.

Fassaden in der Großen Petersgrube. Die in sanftem Bogen vom Petrihügel zur Obertrave abfallende Große Petersgrube zeigt in der Bebauung der optisch besonders wirksamen Südseite das Bild einer geschlossen erhaltenen altlübischen Kaufmannsstraße. Häuser verschiedenen Stils und unterschiedlichen Ranges verbinden sich zu einem eindrucksvollen Ensemble alter Stadtbaukunst. Von links nach rechts die Fronten der Häuser Nr. 7–15: der spätgotischen Giebelfront des frühen 16. Jahrhunderts folgt eine barocke Putzfassade, danach erscheint der im Kern auf das 14. Jahrhundert zurückgehende Giebel von Nr. 11, neben dem die um 1800 klassizistisch gestaltete Fassade von Nr. 13 hervortritt, hinter dieser die aus glasierten und unglasierten Ziegeln aufgemauerte Front des um 1500 entstandenen Hauses Nr. 15.

Beherrschend liegt die mächtige Südwand von St. Petri, in dieser Form bei der Umwandlung des Raumes zu einer fünfschiffigen Hallenkirche um die Mitte des 15. Jahrhunderts neu gestaltet, in der Blickachse der von der Obertrave leicht ansteigenden Großen Petersgrube. Zwischen den beiden backsteinernen gotischen Stufengiebeln der Häuser Nr. 7 und Nr. 11 erscheint in wirkungsvollem Kontrast zu den Backsteinwänden die verputzte Schweifgiebelfront von Nr. 9, hervorgegangen aus der barocken Umformung eines älteren Treppengiebels im 18. Jahrhundert. Auch die Dächer, dort die Kupferhaut des Kirchendaches, hier die roten Tonpfannen der steilen Satteldächer über den Bürgerhäusern, werden zu prägenden Elementen des Straßenbildes.

Der Petriturm aus ungewöhnlicher Perspektive über das Dach der Marienkirche gesehen, deren 1978–1980 in der bis 1942 vorhandenen spätgotischen Form von 1509 rekonstruierter Dachreiter links erscheint. An beiden Turmkonstruktionen wird die Fülle gotischer Gestaltungsmöglichkeiten deutlich. Unverkennbar ist bei St. Petri der den Marientürmen ähnliche Geschoßaufbau, doch zeigt sich der obere Abschluß mit niedriger Lukenzone und den hier in die Ecken eingebundenen runden Türmchen als davon abweichende eigene Gestaltung spätgotischer Zeit. Bei der Wiederherstellung der 1942 zerstörten Turmspitze hob man die Konstruktion der Helme an und richtete eine Aussichtsgalerie ein, von der aus die gesamte Altstadt zu überblicken ist.

Im Blick von Süden zeigt sich die übereinstimmende Gliederung der Turmgeschosse besonders deutlich.

Kleiner Bauhof mit Dom. Die mächtige Doppelturmfront des Domes mit den schlanken, eingezogenen achtseitigen Spitzhelmen zeigt trotz der zahlreichen späteren Ausbesserungen noch deutlich die einstige spätromanische Gliederung des Außenbaus. Der gotisch wirkende Stufengiebel zwischen den Türmen entstand erst 1843 im Zuge einer Instandsetzung des Mauerwerks.

OBERTRAVE UND QUARTIER UM DEN DOM

Den südwestlichen Stadtbereich mit dem Viertel der Flußschiffer an der Obertrave überragt der Dom, dessen Türme immer wieder in die umliegenden Straßen hineinwirken. Die kleinbürgerliche Bebauung mit mehreren in die Blocktiefe abzweigenden Wohngängen im südlichen Abschnitt der stillen Uferstraße An der Obertrave ist hier vorherrschend. Der Wasserlauf umgibt den Altstadtrand als eine natürliche Grenze, die sich an der Südseite mit dem Mühlenteich hinter dem bereits im endenden 13. Jahrhundert vor der Mündung der Wakenitz in die Trave aufgeschütteten Mühlendamm fortsetzt, von wo aus der Dom in voller Größe in Erscheinung tritt.

Insbesondere seine Westfront erhebt sich hoch über die kleinen Häuser an der Obertrave und wirkt dadurch noch gewaltiger. Jenseits der Wasserflächen ziehen sich die alten Wallanlagen um den südlichen Teil der Stadt. Sie sind bereits im 18. Jahrhundert mit Alleen bepflanzt und im Zuge der 1803 eingeleiteten Entfestigung gärtnerisch umgestaltet worden. Ihre flächenmäßige Ausdehnung blieb seit 1900 nahezu unverändert bestehen. Trotz Kriegszerstörungen in unmittelbarer Umgebung des Domes hat dieses Quartier im wesentlichen seinen alten Charakter bewahrt. Ehemalige Domherrenkurien in der Hartengrube und an der Parade vermitteln noch eine Vorstellung vom früheren Bischofsbezirk. Hier fand außer dem seit 1300 bezeugten städtischen Bauhof an der Trave unterhalb der Domwestfront ein weiterer bedeutender Profanbau seinen Standort, das Zeughaus, das 1594 zwischen Domkirchhof und Bauhof errichtet worden ist.

An der Obertrave. Bei der Dankwartsbrücke endet der noch zum Kaufmannsviertel gehörende Abschnitt südlich des Holstentores, in der Fernsicht wirkungsvoll bestimmt von Petri- und Marienkirche. Die nördliche Ecke der hier einmündenden Dankwartsgrube nehmen zwei 1837 vereinigte, einander ähnliche Giebelhäuser aus dem mittleren 16. Jahrhundert ein. So ist

die langgestreckte Trauffront von Dankwartsgrube 74 hier Teil der Uferstraßenbebauung. Südlich der Dankwartsgrube wird die Bebauung der Uferstraße kleinteiliger. Giebel- und Traufenhäuser aus verschiedenen Zeiten prägen das unverwechselbare Bild dieses sich im Bogen herumziehenden Abschnitts bis an den Kleinen Bauhof unterhalb der Westfront des Domes.

An der Obertrave im Morgenlicht. Im Hintergrund der Dankwartsgrube taucht der Turm der in der östlichen Altstadthälfte stehenden Aegidienkirche auf, rechts über den Hausdächern ragen die Spitzen der Domhelme hervor. Wirkungsvoll spiegeln sich die Fassaden der Bürgerhäuser in der glatten Wasseroberfläche.

Domtürme. Der Blick in südwestlicher Richtung an den Domtürmen mit ihren 1958–1960 in alter Form erneuerten Helmen vorbei ist trügerisch. Fast sieht es so aus, als ob dieser Punkt der Altstadt gleichzeitig am Rande des gesamten Stadtgebietes läge. Die sich hier jedoch ausbreitende Zone der St.-Jürgen-Vorstadt wurde der Wahrnehmung durch die optische Zusammenziehung des Hintergrundes entrückt. Der von Grün umgebene Dom, vorne die Bäume des Domkirchhofs, dahinter links der Mühlenteich und rechts die Wallanlagen, bestimmt das Bild, das in der Ferne nur unberührte Natur zu zeigen scheint. Am rechten Bildrand taucht im Hintergrund der Turmhelm der Dorfkirche von Genin über den Baumwipfeln auf. Das Dorf Genin blieb bis 1804 im Besitz des Domkapitels.

Nachts an der Obertrave. Beherrschend bauen sich die angestrahlten massiven Domtürme über den Häusern des Viertels auf. Ihre schwere romanische Formgebung mit unregelmäßiger Gliederung durch Fenster, Gesimse und Friese kennzeichnet die frühe Phase norddeutscher Backsteinarchitektur im letzten Viertel des 12. Jahrhunderts.

Die Mitte des Domes. Der zu den ältesten Backsteinbauten in Norddeutschland gehörende, 1173 begonnene Dom ist nach 1266 bis weit in das 14. Jahrhundert hinein umgeformt worden. In dieser Zeit wurde aus der romanischen Basilika die gotische Hallenkirche. Der Durchblick durch den weiten Hallenraum geht an den mächtigen romanischen Vierungspfeilern vorbei in das Querschiff. Als Abschluß des Langhauses erscheint die gewaltige, zwischen die Vierungspfeiler gespannte spätgotische Triumphkreuzanlage. Sie entstand zwischen 1470 und 1477 in der Werkstatt des bedeutenden Malers und Bildschnitzers Bernt Notke und gehört zu den wichtigsten Zeugnissen der Kunstgeschichte dieser Zeit. Im Hintergrund ist die nördliche Ecke des die Vierung gegen den Chor abgrenzenden gotischen Lettners zu erkennen. Nebenaltäre, Epitaphien und Gruftkapellen sind Ausdruck der Stiftungsfreudigkeit vergangener Generationen. In den Fußboden eingelassene Grabplatten aus mehreren Jahrhunderten erinnern an die früher üblich gewesene Bestattung im Inneren der Kirchen.

Marktpflaster. Verschwommen spiegeln sich die Monumente der Stadtkrone in der Regenpfütze. Die Türme der Marienkirche erscheinen neben der Schauwand des gotischen Rathauses. Ihre Türmchen gehen auf die 1435 von Ratsbaumeister Nikolaus Peck vorgenommene Umgestaltung zurück, bei der eine Erhöhung erfolgte.

Markt bei Nacht. Geheimnisvoll ragen die Hauptbauten Lübecks aus dem Dunkel. Die Nordostecke des Marktes nimmt der Komplex des Rathauses ein, links davon tauchen das Hochschiff und die Türme der Marienkirche auf. Deutlich lassen sich die verschiedenen Bauteile des Rathauses erkennen: die hohe Schildgiebelwand mit den kreisrunden Windlöchern schließt den in der Mitte des 14. Jahrhunderts errichteten Hauptbau ab, davor liegt die 1570/71 im Stil der niederländischen Renaissance in Sandstein erbaute Laube, rechts das zwischen 1298 und 1308 entstandene Lange Haus, beide miteinander verbunden durch die Arkaden der offenen Erdgeschosse.

Die lange Rathausfront zur Breiten Straße zeigt links den von Ratsbaumeister Nikolaus Peck 1440–1442 angefügten sogenannten Kriegsstubenbau mit reich gegliederter spätgotischer Schildwand und einer sandsteinernen Prunktreppe von 1594 (Kopie), danach die schlichtere Fassade des Langen Hauses, hinter dem wiederum die Giebelwand des Hauptbaus dessen Anfang verdeutlicht.

Rathaus, Fenster des Langen Hauses zum Markt. Der Reflex des nach außen dringenden Lichtes erhellt das glasierte Mauerwerk über der Bogenzone des Fensters. Die Form des vierteiligen Fensters geht auf die 1883–1885 vorgenommene gründliche Instandsetzung der Marktfassade zurück und wurde nach den damals aufgedeckten alten Fenstergewänden in gleicher Art mit Schräge und Rundstab profiliert. Aus dieser Zeit stammen auch die über dem Fenster eingelassenen Schilde aus Kupferblech mit aufgemaltem Doppeladler im Wechsel mit dem geteilten lübschen Wappen.

Rathaus, Dach des Langen Hauses. Die Lebendigkeit des Naturschieferdachs, das von regelmäßig angeordneten kleinen, sich der Gesamtfläche unterordnenden Gauben belebt wird, ist an dieser Dachdeckung besonders gut zu erkennen. Sie stammt aus der Zeit der großen Rathausinstandsetzung im letzten Viertel des 19. Jahrhunderts. Das Lange Haus war dem spätromanischen Hauptbau als südlicher Flügel angefügt worden und enthielt ursprünglich über der gewölbten Arkadenlaube einen das gesamte Obergeschoß einnehmenden Saal für festliche Veranstaltungen, nach welchem es zeitweilig auch als Danzelhus bezeichnet wurde.

Westfront von St. Marien über den Backsteinfassaden an der Untertrave. Deutlich wird die Dominanz der Kirche über das westlich von ihr angesiedelte Kaufmannsviertel, dessen einstiger Charakter noch in der erhaltenen Häuserreihe spürbar blieb. Die unterschiedlichen Entstehungszeiten vereint das kräftige Rot des Backsteins, durch den die Fronten geprägt sind. Den mit Vierpaßfriesen geschmückten, gleichsam übereinander gestapelten Turmgeschossen, der nördliche Turm wurde 1304, der Südturm 1310 begonnen, stehen die Fassaden der Bürgerhäuser und Speicher An der Untertrave 96–98 und Alfstraße 38 gegenüber: ganz links das seltene Beispiel eines großen Fachwerkbaus in Lübeck von 1569, daneben zwei neugotische Speicherbauten von 1870/71 und schließlich das zur Alfstraße gehörende, im Kern aus dem 13. Jahrhundert stammende Eckhaus, dessen Giebel erst 1939 in dieser Form frei rekonstruiert worden ist.

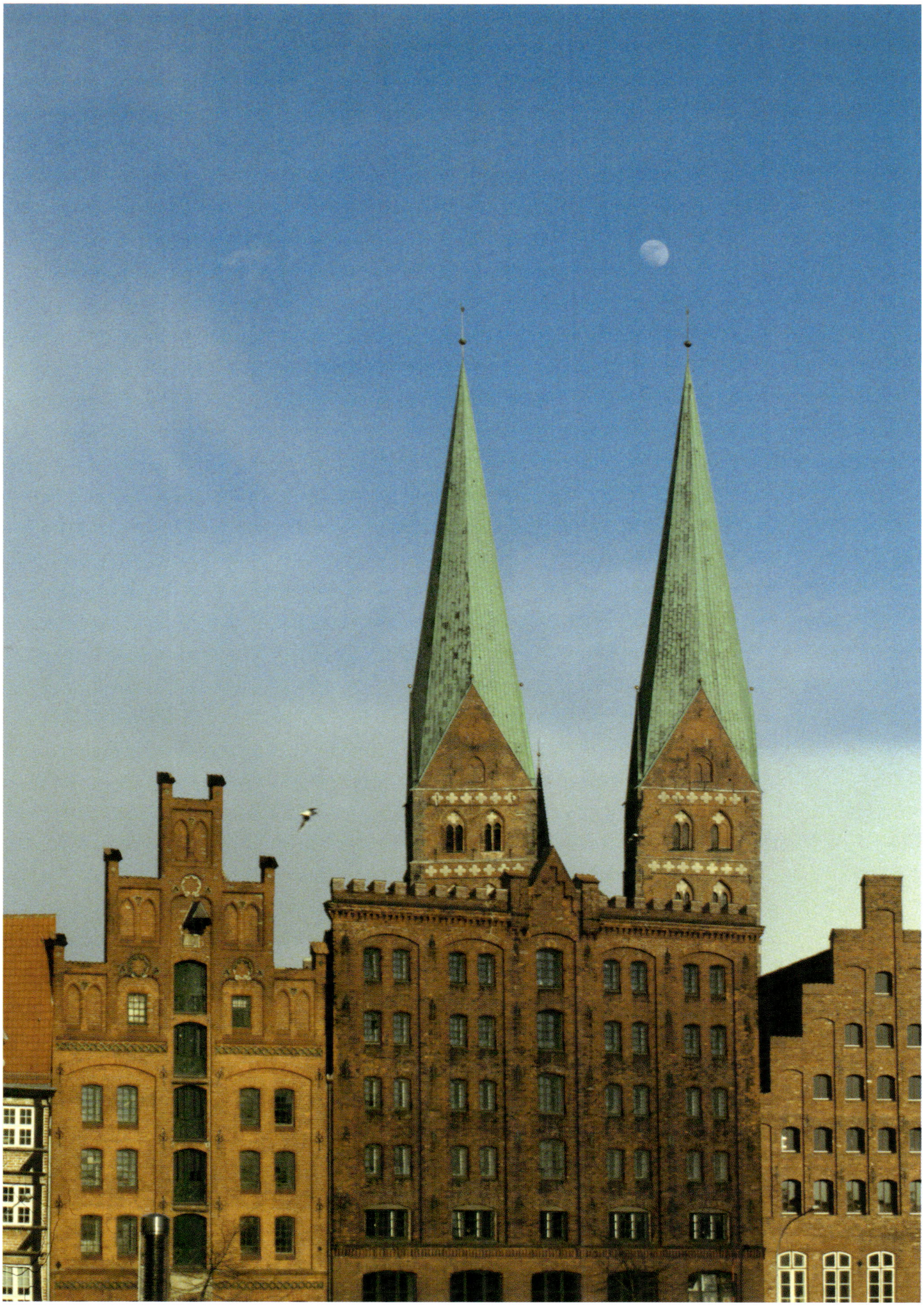

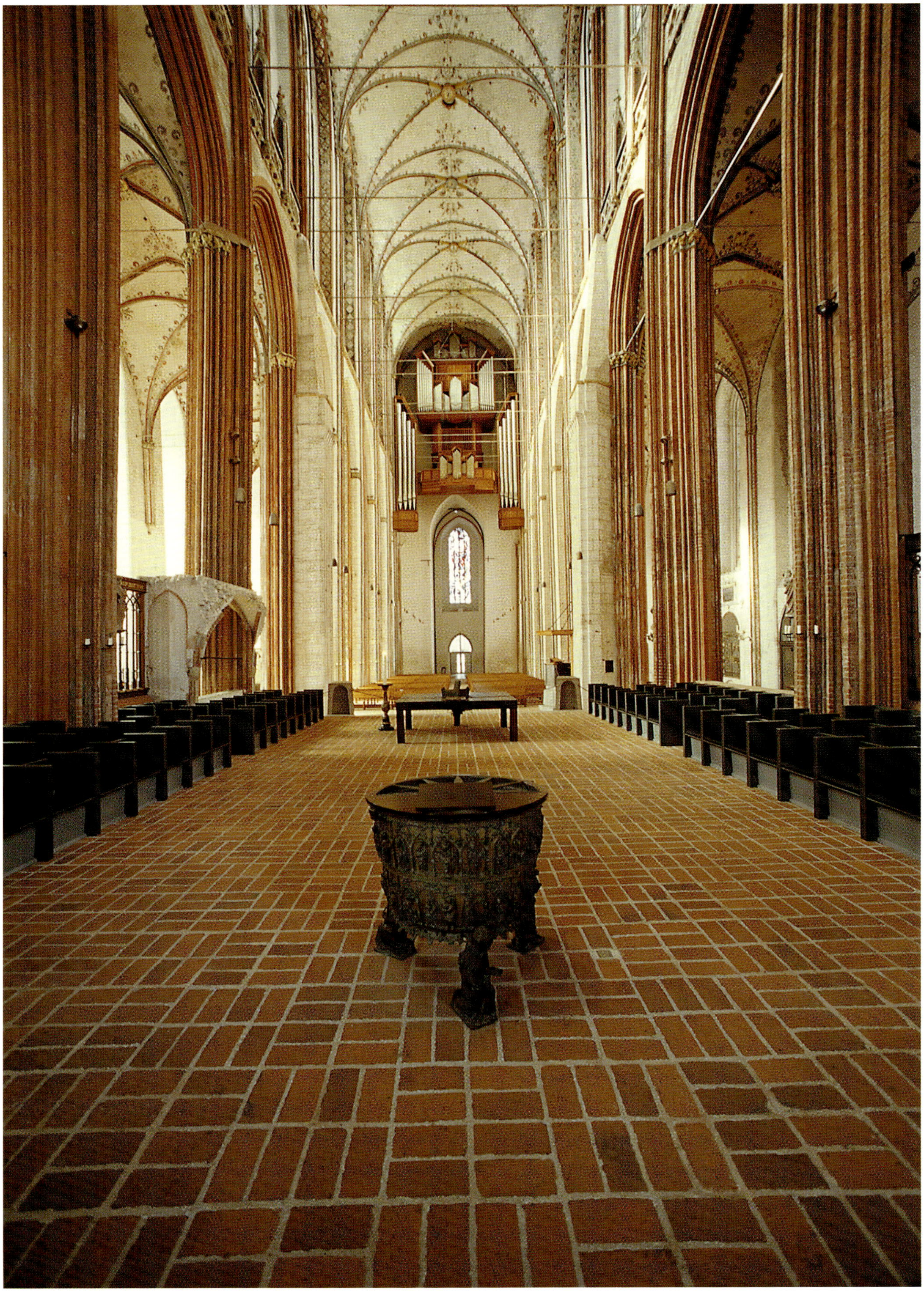

Der Kathedralraum. Im Vergleich zum Dom erscheint das Innere der Marienkirche, hier vom Chor aus nach Westen gesehen, streng und feierlich. Das liegt an der beherrschenden vertikalen Architekturform, dem steil ansteigenden Hochschiff mit den ihm untergeordneten niedrigeren Seitenschiffen. Sie prägt hier den hochgotischen Innenraum ohne das sonst schmückende Beiwerk der historischen Ausstattung. Mächtige Pfeiler nehmen die Arkaden und die Wand des Hochschiffs auf, darüber schließen Kreuzrippengewölbe den Raum. Der verheerende Brand in der Bombennacht des Jahres 1942 hat dem Bauwerk viele Kunstwerke und damit einen wesentlichen Teil seiner Geschichte genommen. An dieses Ereignis erinnert eindrucksvoll der links zu sehende ruinöse Rest des einstigen Lettners. Nur wenige Stücke konnten gerettet werden, darunter auch die im Vordergrund zu sehende bronzene Tauffünte des Hans Apengeter von 1337, auf deren Stiftungsinschrift Meister Hartwich als Baumeister des Langhauses von St. Marien genannt wird. Ganz hinten erscheint das farbige Fenster der mittleren Turmhalle, 1962 von Hans Gottfried von Stockhausen, Stuttgart, geschaffen.

Das Mahnmal. In der Süderturmkapelle der Marienkirche liegen die Reste der 1942 nach Zerstörung des Glockenstuhls herabgestürzten und zerborstenen Glocken von 1508 und 1668. 1951 wurde die Turmkapelle mit den am Ort belassenen Glockenfragmenten als Gedächtniskapelle eingerichtet und durch ein Trenngitter gegen das südliche Seitenschiff abgeschlossen. Das den Raum belichtende neue Fenster trägt Wappen der Länder und Namen der Städte im ehemaligen deutschen Osten.

Marienkirche bei Nacht. Die Ansicht läßt vergessen, daß bei dem Luftangriff auf Lübeck in der Nacht zum Palmsonntag des Jahres 1942 vom gleichen Standort die brennenden und herabstürzenden Turmhelme fotografiert worden sind. 15 Jahre danach hatten die bis dahin mit Notdächern versehenen Türme ihre schlanken achtseitigen Helmpyramiden zurückbekommen.
Marienkirchhof im Abendlicht. Den Platz unmittelbar vor dem rechts im Bild erscheinenden Chor der Marienkirche nimmt der lange Trakt des zwischen Marienkirchhof und Breiter Straße in mehreren Abschnitten, 1484 – 1486, 1588 und 1613 entstandenen Kanzleigebäudes ein, das sich zum Marienkirchhof mit Arkaden und einem überwölbtem Laubengang öffnet. Im Hintergrund ist die große Nordfassade des Rathaushauptbaus zu erkennen. Sie ist nach längerem Verfall 1888/89 zwar in alter Form wiederhergestellt worden, wirkt jedoch in ihrer nicht zuletzt durch die Verwendung von Maschinenziegeln hervorgerufenen perfekten Erscheinung neugotisch.

43

Buddenbrookhaus in der Mengstraße (Nr. 4). Die prächtige barocke Putzfassade dieses Bürgerhauses zeigt die im 18. Jahrhundert übliche, von plastischer Auflockerung der Flächen bestimmte Gestaltungsweise, die hier zusätzlich durch das Streiflicht unterstrichen wird. Das hohe, der Diele des Kaufmannshauses entsprechende rustizierte Erdgeschoß geht mit seinem von Pilastern gerahmten Sandsteinportal noch auf die Renaissancezeit im späten 16. Jahrhundert zurück, der Aufbau darüber mit vollem Wohngeschoß und behäbigem Schweifgiebel kam 1758 beim Umbau hinzu. Den Giebel zieren bildhauerische Arbeiten von Johann Dietrich Boy, gelagerte allegorische Figuren und Rokoko-Architekturvasen. Dem 1841 bis 1891 im Eigentum der Familie Mann stehenden Haus hat Thomas Mann in seinem Roman „Buddenbrooks" ein literarisches Denkmal gesetzt. 1942 war es bis auf die Fassade zerstört worden. Es beherbergt heute das „Heinrich und Thomas Mann-Zentrum".

45

Wie kein anderer Raum in den alten Kaufmannshäusern der Stadt steht die Diele, hier die im Hause Mengstraße 31, wenn auch oft romantisch verklärt, für den einstigen wirtschaftlichen Erfolg. Nicht nur der Handel, auch das Handwerk nutzte die günstigen Bedingungen eines lichten, wenn auch unbeheizten Raumes. Im Kaufmannsviertel. In der unteren Mengstraße gewinnt man noch einen Eindruck vom ehemaligen Aussehen dieses Quartiers. Die von der Höhe zur Trave hinabführenden Straßen sind durch schmale, dem Ufer parallel laufende Querstraßen verbunden. Auf schmalen Parzellen findet sich dichte Bebauung mit stattlichen Giebelhäusern. Hier fällt der Blick von der Siebenten Querstraße aus unter dem Schwibbogen hindurch auf das Eckhaus Mengstraße 31, dessen Giebelfront aus dem Jahre 1612 stammt. Von 1678 bis 1995 gehörte es den alteingesessenen Familien Achelius und Berkenthin, die hier das Glaserhandwerk ausübten. Rechts geht die Gerade Querstraße ab.

47

St.-Annen-Straße mit Domtürmen. Beherrschend wirken die massiven Domtürme auch in das östliche Altstadtviertel. Ganz links erscheint die Front des Museums für Kunst- und Kulturgeschichte. Die Straße läuft auf die klassizistische Putzfront des an der Mühlenstraße gelegenen Hauses Nr. 56 zu.

DIE ÖSTLICHE ALTSTADT

Die östliche Altstadthälfte war bevorzugtes Wohngebiet von Handwerkern und Ackerbürgern, deren bescheidenere Giebelhäuser, Kleinhäuser und Buden das Bild der Straßen noch heute bestimmen. Hier erhielten auch Konvente und Stiftungshöfe ihren Platz, des weiteren hatten sich am Wakenitzufer bereits 1177 die Benediktiner mit dem Bau des Johannisklosters eingerichtet, das seit 1246 den Zisterzienserinnen diente und heute bis auf das ehemalige Refektorium völlig verschwunden ist. Noch kurz vor der Reformation kam das Frauenkloster St. Annen von 1502–1515 zur Ausführung, in das Augustinerinnen einzogen. Im 17. und 18. Jahrhundert nutzte man seine Räumlichkeiten als Armen- und Werkhaus sowie als Zuchthaus. Schließlich fand hier nach einer gründlichen Wiederherstellung in den Jahren von 1912 bis 1915 das St.-Annen-Museum mit seinen reichen Schätzen der Lübecker Kunst- und Kulturgeschichte eine angemessene Unterkunft. In diesem kleinbürgerlichen Viertel steht auch die schlichteste der Lübecker Stadtpfarrkirchen, St. Aegidien, 1227 erstmals erwähnt, im 14. und 15. Jahrhundert in die heutige Form gebracht. Für die kleinteilige Bebauung um die Kirche herum ist es kennzeichnend, daß das Gotteshaus im Gegensatz zu den großen Sakralbauten der Stadt optisch nie voll erfaßbar wird, da sich immer wieder die sie umstehenden Gebäude ins Blickfeld schieben. Erst unmittelbar davor kann das Bauwerk in seiner Anlage wahrgenommen werden, wobei der einfachen äußeren Gestalt auffallende Akzente fehlen. Den Reiz der östlichen Altstadt macht vor allem das unverändert bewahrte alte Straßennetz mit den in leichtem Bogen dem Altstadtrand folgenden Querstraßen aus, von deren Eckpunkten sich jeweils Einblicke in die zum Stadthügel ansteigenden breiteren Straßen ergeben.

Aegidienstraße und Aegidienkirche. Der hier durch das spitzwinkelige Abzweigen der Schildstraße entstandene Baublock mit der barocken Schweifgiebelfront des Hauses Nr. 24 an der Straßengabelung unterstreicht wirkungsvoll den dahinter aufragenden, zusammen mit dem gotischen Umbau im 14. Jahrhundert vollendeten Kirchturm. Seine Ausführung folgt dem Vorbild der Marientürme, indem die Geschosse durch Gesimse, Friese und gepaarte Fenster gegliedert sind. Der achtseitige Spitzhelm wird wie dort von dreieckigen Giebeln eingeleitet. Auf dem Dach der Hallenkirche erscheint der äußerlich die Grenze zwischen Langhaus und Turm markierende spätgotische Dachreiter, der wohl Anfang des 16. Jahrhunderts aufgesetzt worden ist und sich durch eine offene hölzerne, von Streben und Fialen umgebene Konstruktion und schlanke Helmspitze auszeichnet. Fast wäre auch der Aegidienturm 1942 abgebrannt, als in seinen Helm Stabbrandbomben eingeschlagen waren. Glücklicherweise wurde das ausbrechende Feuer rechtzeitig erkannt und konnte erfolgreich gelöscht werden.

In der Aegidienkirche. Wie das Äußere so bietet auch der Innenraum von St. Aegidien ein architektonisch nüchternes und einfaches Bild. Das breite, überhöhte Mittelschiff der Hallenkirche überspielt die Enge der schmalen Seitenschiffe. Den besonderen Reiz macht jedoch der Reichtum an Ausstattungsstücken aus. Prunkvolle Einbauten der Renaissance und des Barock überwiegen. Zu diesen gehört der zwischen dem zweiten, die Grenze von Chor und Langhaus markierenden Pfeilerpaar aufgerichtete hölzerne Singechor, hier von der Chorseite aus gesehen. Er ersetzte den älteren gotischen Lettner und ist ein Hauptwerk des Lübecker Bildschnitzers Tönnies Evers d. J., der ihn 1586/87 schuf. Die reich geschnitzten Brüstungen der Langseiten zeigen von Säulen eingeschlossene Giebelnischen mit Statuetten im Wechsel mit Gemäldefeldern, in denen nach manieristischen Stichvorlagen gemalte Bilder des Lübecker Malers Gregor von Gehrden erscheinen. Der Zugang zur Lettnerbühne erfolgt über die im Vordergrund erkennbare ausschwingende Wendeltreppe, deren Brüstung mit einer dichten Folge von Hermenpilastern geschmückt ist.

Blick vom Aegidienturm. Über das Dach und die Rückwand des geschweiften Giebels vom Haus Aegidienstraße 24 sowie den davorstehenden Baum fällt der Blick auf das Pflaster der Aegidienstraße. Diese Art der Pflasterung, sogenanntes Reihenpflaster aus Granit, kennzeichnet noch viele Lübecker Altstadtstraßen. Alte Straßenbeläge geben Aufschlüsse über die Wege- und Verkehrsentwicklung vergangener Zeiten und sind somit unverzichtbarer Bestandteil des Stadtraumes.

Mond über St. Aegidien. Nachts am „Schild", der Gabelung von Aegidien- und Schildstraße, spiegelt sich das Licht im kleinteiligen Straßenpflaster. Über den Dächern erscheint im Umriß der Turmhelm.

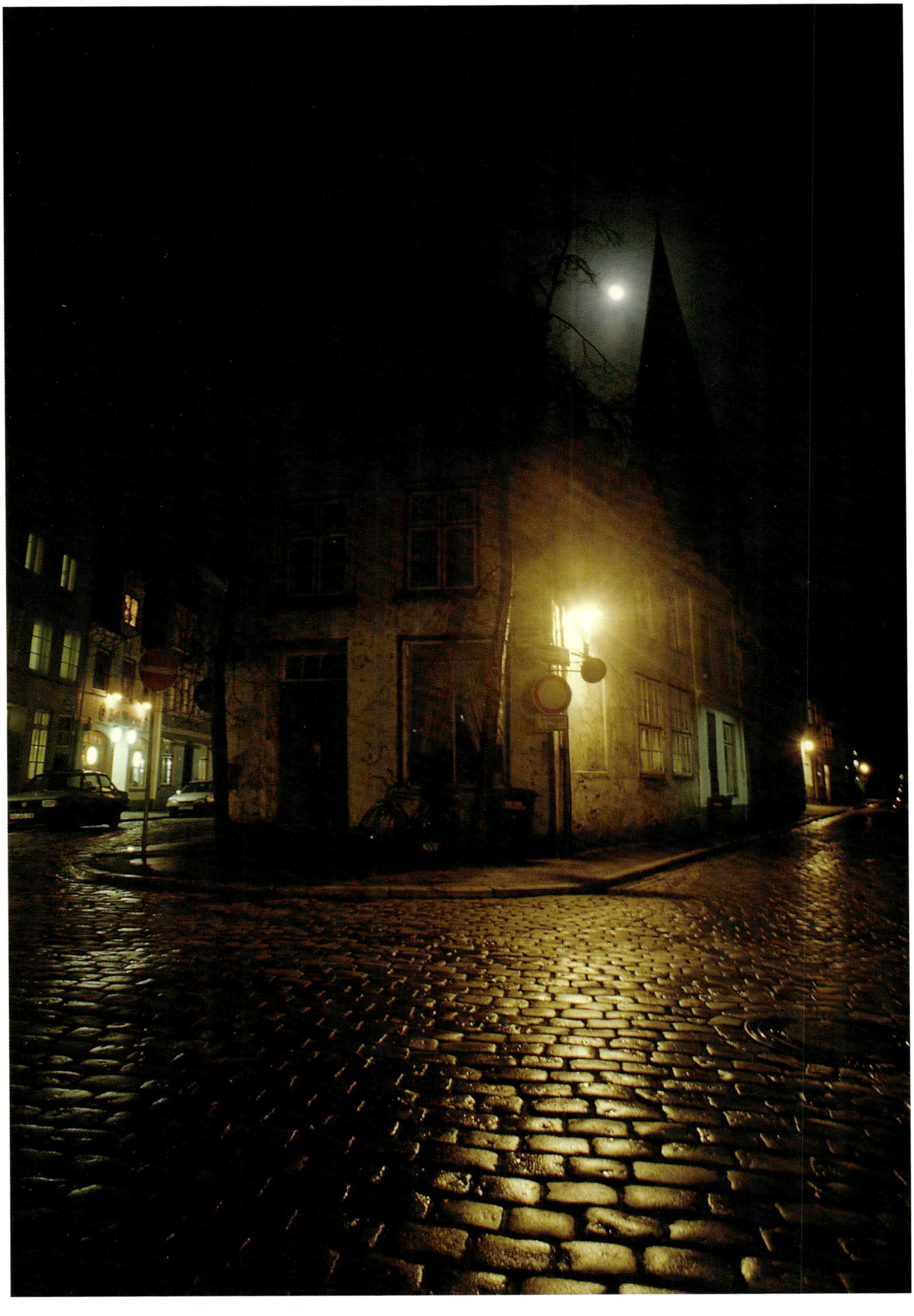

Im St.-Annen-Museum. Stimmungsvolle Impressionen vermitteln diese beiden Aufnahmen aus der Sammlung des Museums für Kunst und Kulturgeschichte. Links hebt sich die Silhouette der Marmorbüste des Thomas Fredenhagen aus dem Hochaltar von St. Marien ab, den der Ratsherr gestiftet und der Antwerpener Bildhauer Thomas Quellinus 1696/97 ausgeführt hatte. Der beim Luftangriff 1942 beschädigte Altar, ein Hauptwerk des europäischen Spätbarock, ist 1959 zugunsten einer inzwischen teilweise wieder aufgegebenen Neugestaltung des Chores in St. Marien abgebrochen worden. Rechts erscheint alter Hausrat in einem der aus abgebrochenen Altstadthäusern hierher übertragenen Zimmer. In die vertäfelte Kammer fällt das Licht durch schmale, in Bleiprossen verglaste Fenster mit beschnitzten Gewänden. Deutlich spürbar wird die Enge solcher zumeist in den Halbgeschossen der Bürgerhäuser untergebrachten Räume.

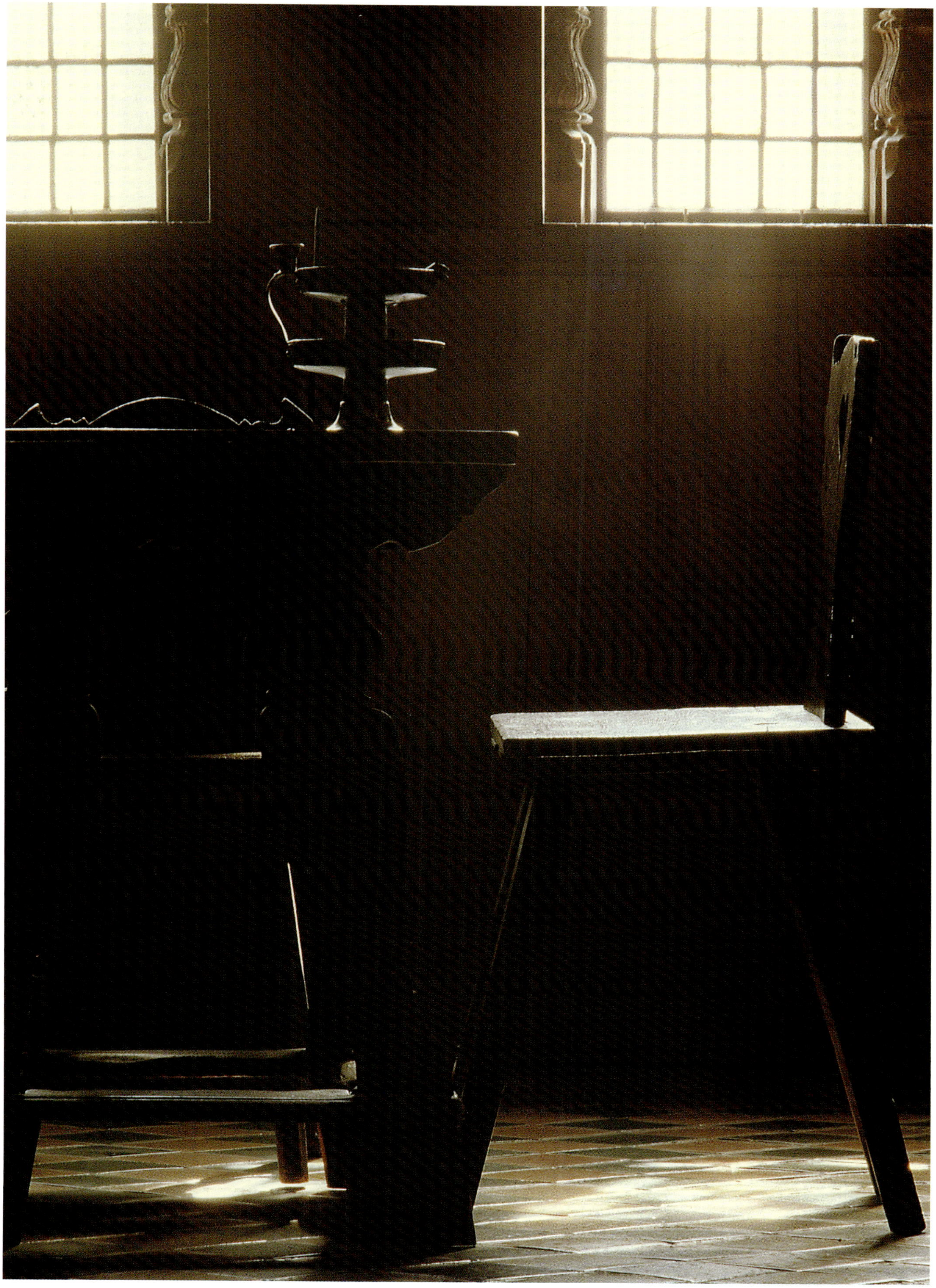

Im St.-Annen-Museum. Die prachtvolle Diele stammt aus dem Haus Glockengießerstraße 20. Sie wurde 1736 ausgeführt und zeigt die barocke Ausprägung dieses wichtigsten Raumes im alten Kaufmannshaus. Er wird belichtet durch die große, gleichzeitig den Zugang zum Hof einfassende Dielenbefensterung. Die Balkendecke mit Unterzugsbalken wird von einer Säule gestützt, rechts dahinter zieht sich der mit Verglasung gegen den Dielenraum abgeteilte Küchenraum entlang, über dem die von der Treppe in der hinteren Ecke aus erreichbare Galerie mit Balusterbrüstung an der Längswand angeordnet ist. Der Fußbodenbelag besteht aus rechteckigen Gotländer Steinplatten.

Aus dem für die Museumsnutzung neu über den Flügeln der ehemaligen Klosterklausur errichteten Obergeschoß fällt der Blick in den ehemaligen Klosterhof, der heute gern von den Besuchern zum Aufenthalt zwischen den Rundgängen durch die Sammlung aufgesucht wird. In das Bleifenster sind geborgene Teile alter Glasmalerei des 18. Jahrhunderts eingelassen.

57

Fassadenelemente des alten Bürgerhauses. Durch das nur zum Teil geöffnete Fenster des gegenüberliegenden Gebäudes bietet sich ein Ausschnitt des Hauses Fischergrube 18, dessen stattliche Renaissance-Backsteinfassade auf das späte 16. Jahrhundert zurückgeht. Links neben dem im Ansatz zu erkennenden Portal liegt das hohe Fenster des Dielengeschosses, darüber wird das Fenster des niedrigen Wohngeschosses sichtbar. Die oberen schmalen Öffnungen befinden sich bereits in der Giebelzone und waren Luken der Lagerböden.

DER UMKREIS DES KOBERGES

Der geräumige Rechteckplatz gehört zu den städtebaulichen Schmuckstücken der Lübecker Altstadt. In alter Zeit wurde er zum Markthalten der Landbevölkerung genutzt. An allen Ecken münden Straßen ein, von Norden Große und Kleine Burgstraße, östlich die Große Gröpelgrube und südlich die Hauptstraßenzüge Breite und Königstraße. Architektonische Höhepunkte setzen an Süd- und Ostseite die hinter den Pastorenhäusern aufragende, auf das frühe 13. Jahrhundert zurückgehende Jakobikirche, Pfarrkirche des sich um die Engelsgrube herum ausbreitenden nordwestlichen Schiffervierteils, und das Heiligen-Geist-Hospital, eine der ältesten Anlagen dieser Art in Europa, eingerichtet im späten 13. Jahrhundert auf Veranlassung des lübischen Rates. Der Turmfront von St. Jakobi gegenüber liegt an der Ecke der zum Hafen abfallenden Engelsgrube das bereits zur Breiten Straße gehörende Haus der Schiffergesellschaft von 1535, einziges erhaltenes Beispiel für die seit dem 15. Jahrhundert verbreiteten Amts- und Gildehäuser. Nicht weit davon erhebt sich das in der ersten Hälfte des 19. Jahrhunderts neu erbaute Haus der Kaufmannschaft. Auf der entgegengesetzten Seite, am Chor der Jakobikirche, beginnt die Königstraße. Ihr erster Abschnitt enthält eine Reihe stattlicher Bürgerhäuser, ferner die Evangelisch Reformierte Kirche und endet an der Glockengießerstraße, wo wiederum die letzte erhaltene Klosterkirche Lübecks, die Katharinenkirche des 1225 gegründeten ehemaligen Franziskanerklosters, aus dem Häusermeer aufragt. In der von hier in die östliche Altstadt hinunter führenden Glockengießerstraße befinden sich die bedeutendsten, in der ersten Hälfte des 17. Jahrhunderts angelegten Stiftungshöfe Lübecks, einst von Kaufleuten gegründete und danach von wohlhabenden Familien verwaltete Einrichtungen privater Armen- und Altersfürsorge, die in ihrer besonderen baulichen Ausprägung aus den sonst üblichen, zum Teil älteren Gang- und Hofanlagen dieser Art hervorstechen.

Der Koberg. Den gleichen Blick auf den weiträumigen Platz und einen nahezu identischen Standort wählte Oskar Kokoschka, als er 1958 im Auftrage des Museums für Kunst und Kulturgeschichte sein jetzt im Behnhaus aufbewahrtes Ölgemälde „Jakobikirche in Lübeck" malte. Auch darauf ist der Turmhelm abgeschnitten, links die Fassade des Heiligen-Geist-Hospitals und rechts die sich im Hintergrund über den Häusern der Breiten Straße erhebende Marienkirche zu sehen. Gegenüber der die östliche Begrenzung des Kobergs bildenden Hospitalanlage setzt sich die westliche Platzwand aus drei- und viergeschossigen

Wohnhäusern mit unterschiedlich geformten noblen Putzfassaden des späten 18. und 19. Jahrhunderts zusammen. Ganz rechts im Bild erscheint die stattliche Front des „Hoghe Hus", das im Kern auf einen spätromanischen Saalbau von etwa 1200 zurückgeht und später mehrfach umgestaltet worden ist. Seine heutige Fassade stammt von 1796. Sehr deutlich wird die Abriegelung der Pfarrkirche gegen den Platz in der gestaffelten Zeile der sich nördlich davorlegenden Pastorenhäuser, die wiederum die Monumentalität des Kirchbaus nachhaltig steigern.

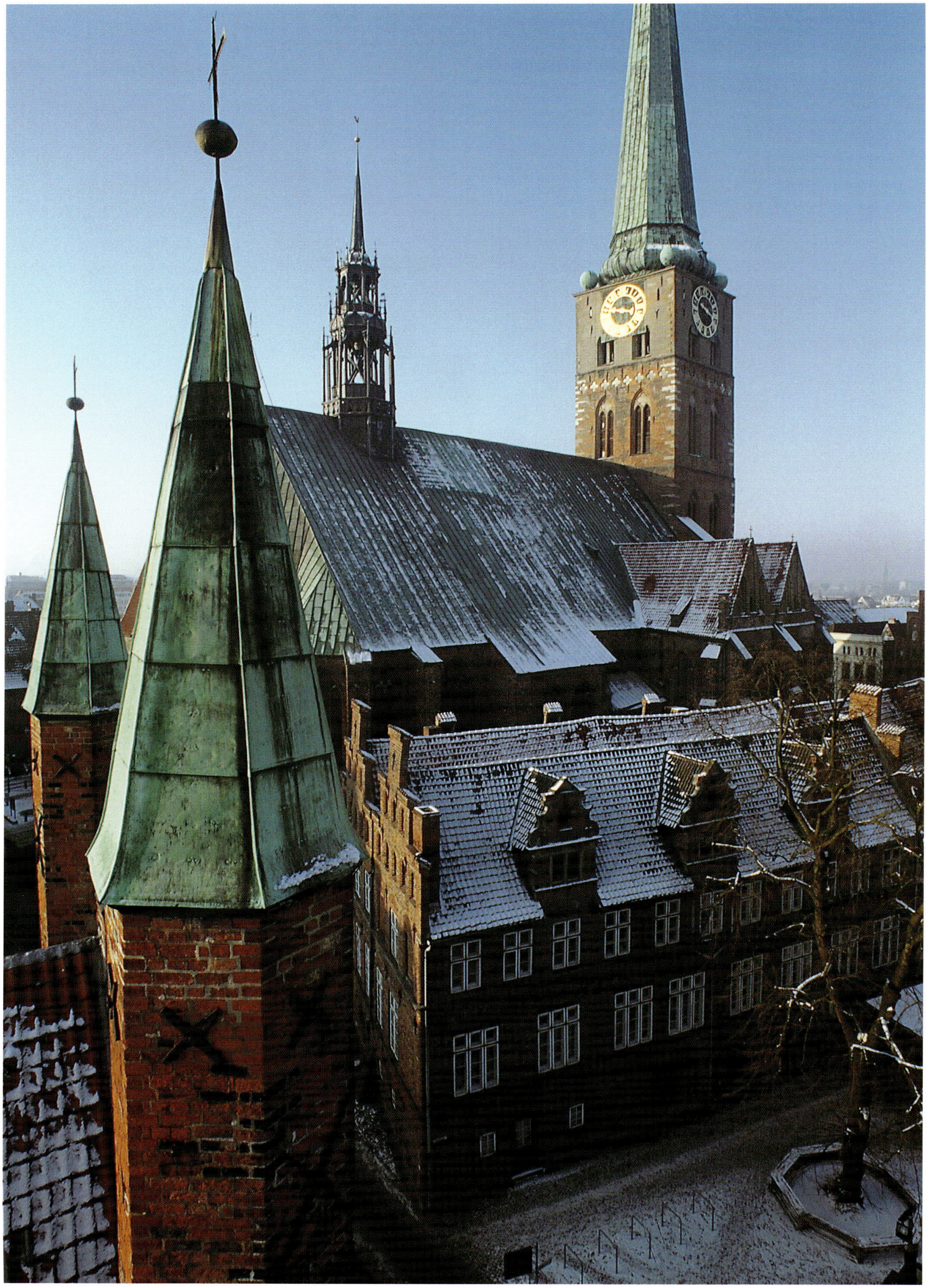

Jakobikirche. Die Kirche verkörpert den Typ der mittelalterlichen Stadtpfarrkirche im norddeutschen Backsteingebiet, wie er in den Städten an der Ostseeküste häufig anzutreffen ist. Sie wurde seit dem Ende des 13. Jahrhunderts unter Änderung der zunächst verbindlichen Planung bis etwa 1334 fertiggestellt und erhielt danach mehrere Kapellenanbauten, darunter auch die hier erkennbaren Kapellen an der Nordseite mit blendengezierten Giebeln. Der Westturm zeigt wieder die bei allen Lübecker Kirchen anzutreffende, von St. Marien beeinflußte Gestaltung mit dem Vierpaßblendenfries, doch stammt das oberste Turmgeschoß von einer Erneuerung im Jahre 1636. Der elegante Turmhelm in Form einer sich über einer geschweiften Einziehung zwischen vier Kugeln erhebenden schlanken, achtseitigen Pyramide ist 1657/58 ausgeführt worden. Auf dem mächtigen kupfergedeckten Kirchendach thront der nachgotische Dachreiter von 1622/23, eine Laterne mit zwei durchbrochenen, fialengeschmückten Geschossen und Spitzhelm. Die Kirche ist gegen den Koberg durch den Riegel der Pastorenhäuser, parallel aneinandergefügte dreigeschossige Backsteintraufenhäuser, die 1601/02 errichtet wurden, abgeschlossen. Die Breitfront zum Platz wird von den gereihten Schweifgiebelerkern im Dach bestimmt, während die Schmalseiten gestufte Zwillingsgiebel zeigen. Im Vordergrund links die Türmchen der Schaufassade des Heiligen-Geist-Hospitals.

Giebel in der Breiten Straße. In der Reihe der westlich von St. Jakobi am Beginn der Breiten Straße stehenden Fassaden fällt besonders der Backsteingiebel am Haus der Schiffergesellschaft von 1535 (Nr. 2) auf. Die alte Front wurde zwar 1880 mit Maschinenziegeln verblendet, zeigt aber dennoch die ursprüngliche Gestaltung, bei welcher die gotische Form in die Sprache der beginnenden Renaissance umgesetzt wurde. So ist am Giebel noch die Hochblendengliederung üblich, die flachbogigen Lukenöffnungen werden aber durch Reihen dekorativer Kreisblenden unterbrochen. Links sind die beiden neugotischen, verputzten Giebel am Haus der Kaufmannschaft, heute Industrie- und Handelskammer (Nr. 6–8) sichtbar, 1838/39 und 1861 entstanden und in ihrer Ausformung die Tradition in zeitgemäßer Sprache fortsetzend. Im Hintergrund erscheint die Nordfront der Marienkirche mit dem hochgotischen Strebebogensystem.

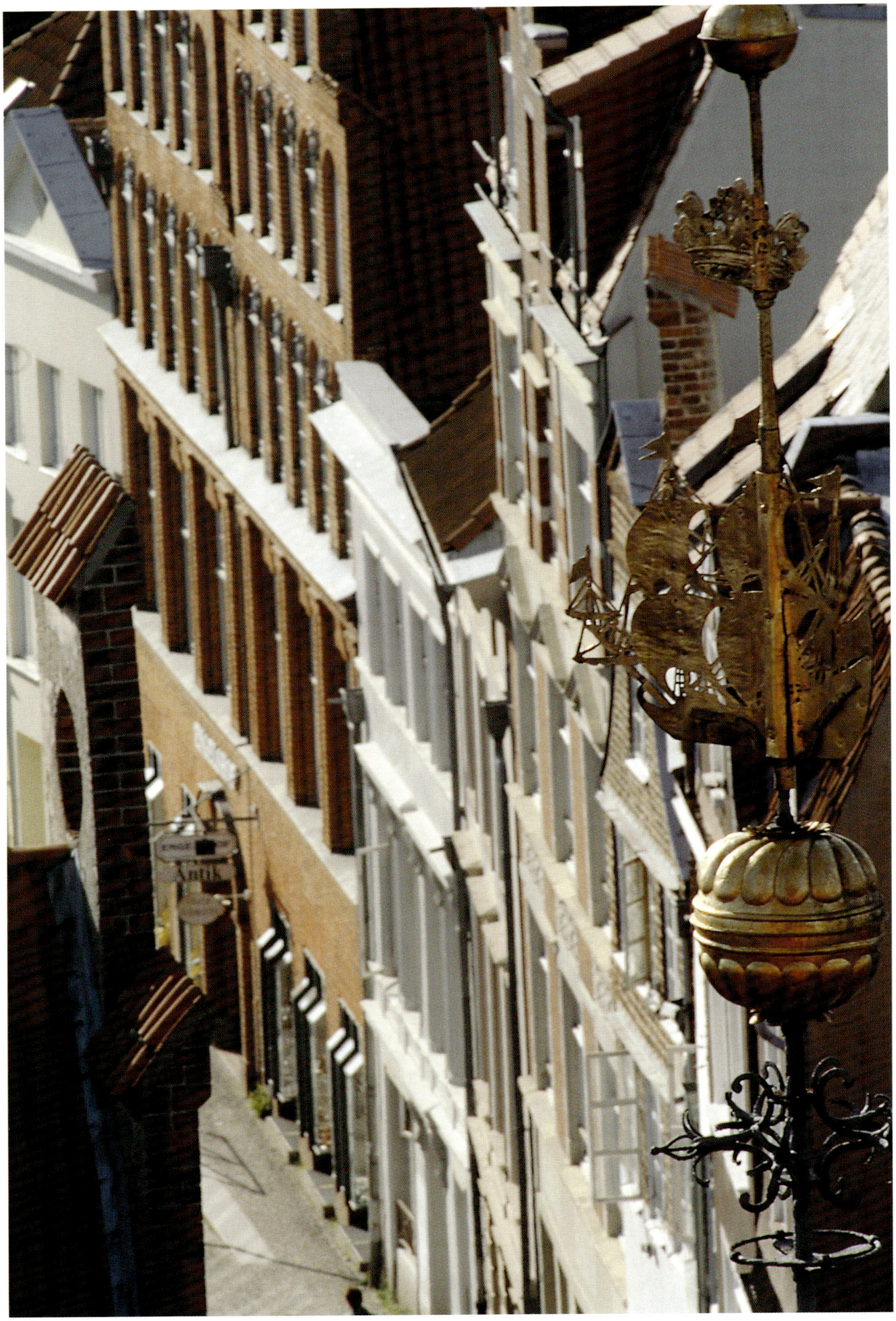
Antik

Fassaden in der oberen Engelsgrube. Der Blick vom Jakobiturm läßt den in leichtem Bogen zum Hafen abfallenden Straßenverlauf deutlich werden, zugleich die Vielfalt der in Backsteinsichtmauerwerk und in Putz gehaltenen Häuserfronten. Rechts im Vordergrund glänzt die sich auf der obersten Giebelstufe des Hauses der Schiffergesellschaft erhebende Wetterfahne mit dem Segelschiff, im 17. Jahrhundert gearbeitet. Hinten beherrscht das 1911 als Büro- und Lagerhaus errichtete Gebäude Nr. 38–42 mit seiner in den Formen des Heimatstils den alten Bürgerhäusern nachempfundenen Fassadengestaltung das Bild.

Häuser der oberen Engelsgrube in der Abendsonne. Das Bild unterstreicht den merklichen Abfall der Straße zur Trave. In der Perspektive verkürzen sich die Fronten, hier im Mittelpunkt der verputzte Flügel des Hauses der Schiffergesellschaft mit dem auskragenden Obergeschoß.

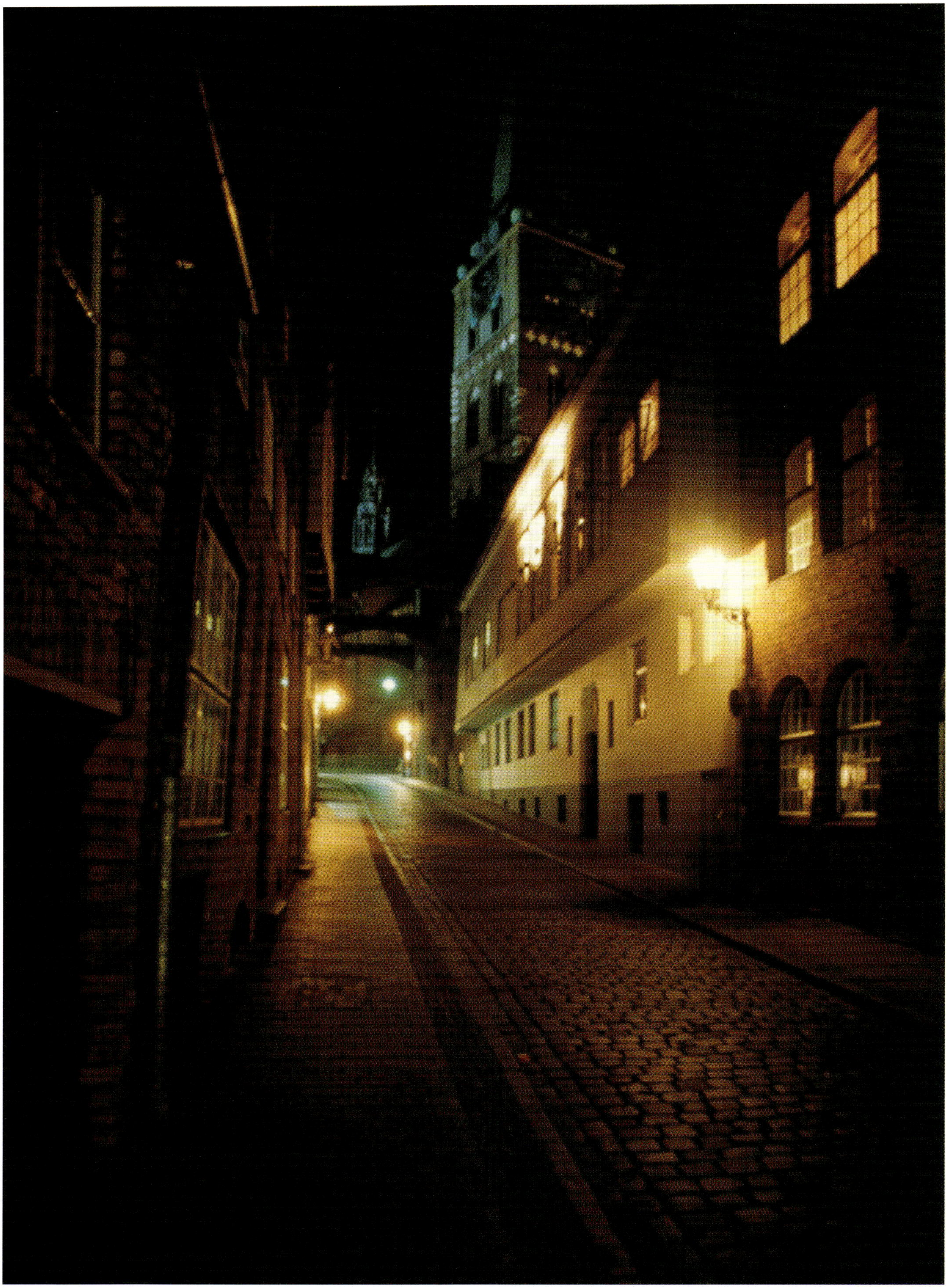

Obere Engelsgrube mit Jakobikirche bei Nacht. Diese beim alltäglichen Betrieb nie so eindringlich wahrnehmbare Situation zeigt die städtebaulich wirkungsvolle Verengung der oberen Engelsgrube und ihre optische Hinlenkung auf den Kirchenbau besonders deutlich. Turm und Dachreiter von St. Jakobi wirken in den Straßenraum, der hier von den vorkragenden Obergeschossen der traufständigen Häuser bestimmt wird. Rechts ist die mit drei Schwibbögen über die Straße gegen das Nachbarhaus abgestützte backsteinerne Traufseite des Hauses der Schiffergesellschaft und der zugehörende verputzte Flügelbau zu sehen. Dahinter rückt ein Teil der Backsteinfassade des 1908/09 neu erbauten Vorderhauses vom Schifferhof (Nr. 11–17) ins Blickfeld.

Angestrahlte Jakobikirche von Osten. Der Bildausschnitt hebt architektonische Akzente des Bauwerks hervor. Links erscheint der 1334 geweihte Chor in seiner eigentümlichen Form mit dem sogenannten dreiapsidialen Schluß, bei welchem alle drei Kirchenschiffe von polygonal gebrochenen Wänden begrenzt sind, eine Weiterentwicklung dieser schon bei St. Petri angewandten Bauart. Darüber wird durch die Lichtbrechung der feingliedrige Aufbau des Dachreiters besonders deutlich. Schließlich steigert der sich in den Nachthimmel erhebende Turm den Gesamteindruck. Im Vordergrund scheint die sitzende Bronzefigur des Lübecker Dichters Emanuel Geibel, dessen Denkmal Hermann Voltz 1889 schuf, nachdenklich auf die Kirche zu blicken. Rechts davon ragt der Stufengiebel des östlichen Pastorenhauses auf.

Heiligen-Geist-Hospital. Der obere Fassadenteil der dem langgestreckten Hospitalsaal westlich vorgelagerten, nur zwei Joche tiefen Hospitalkirche wird geprägt von den Giebeln der drei Kirchenschiffe. Die Seitengiebel kamen in dieser Ausführung zusammen mit den zwischen den Giebeln aufragenden, von Kalksteinkonsolen getragenen achtseitigen Stifttürmen erst im frühen 14. Jahrhundert dazu. Derartige Türme galten damals als Kennzeichen der öffentlichen Bauten des Rates und finden sich auch am Rathaus. Der über dem Kirchenmittelschiff aufsteigende Dachreiter mit barocker Laterne ersetzte im 17. Jahrhundert einen barocken Vorgänger.

Das Lange Haus, wie die mächtige Hospitalhalle des späten 13. Jahrhunderts auch genannt wird, überspannt eine offene Deckenkonstruktion, die aus einer dreiseitig gebrochenen Holztonne über freiliegenden Binderbalken besteht. Der einstige Hospitalitensaal ist in spätgotischer Zeit auf die heutige Länge von insgesamt 88 m verlängert worden. Die neue Ostwand, gegen die sich hier der Blick richtet, durchbrechen drei hohe Spitzbogenfenster, die das durch die seitlichen Fenster einfallende Licht nachhaltig ergänzen. Den Raum unterteilen um 1820 eingebaute hölzerne Kammern in vier, durch zwei Längsgänge getrennten Reihen, einst Männer- und Frauengang, hier der schmalere Frauengang an der Nordseite. Diese dienten als Schlafstätten der Hospitaliten.

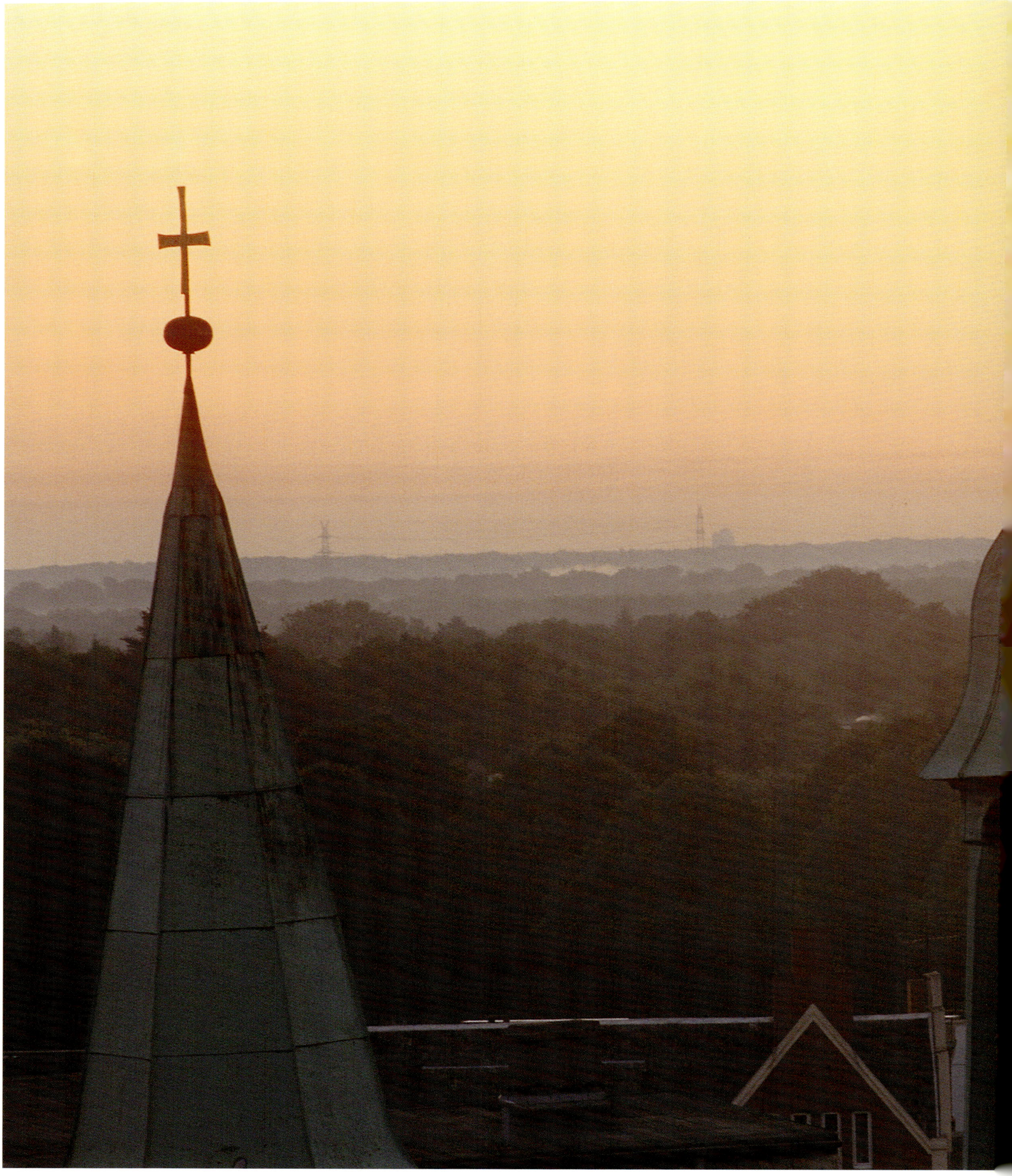

Sonnenaufgang in nordöstlicher Richtung über die Türme des Heiligen-Geist-Hospitals gesehen. Den Vordergrund beherrschen die Spitzhelme der Stifttürme und die geschweifte, in einer Spitze endende Haube des barocken Dachreiters. Dahinter liegt im Dunst des frühen Tages das Vorfeld der Altstadt, in der Verkürzung der Sicht ohne die ausgedehnten Vorstadtbereiche und über das Lauerholz scheinbar bis an den Horizont nur unberührte Landschaft!

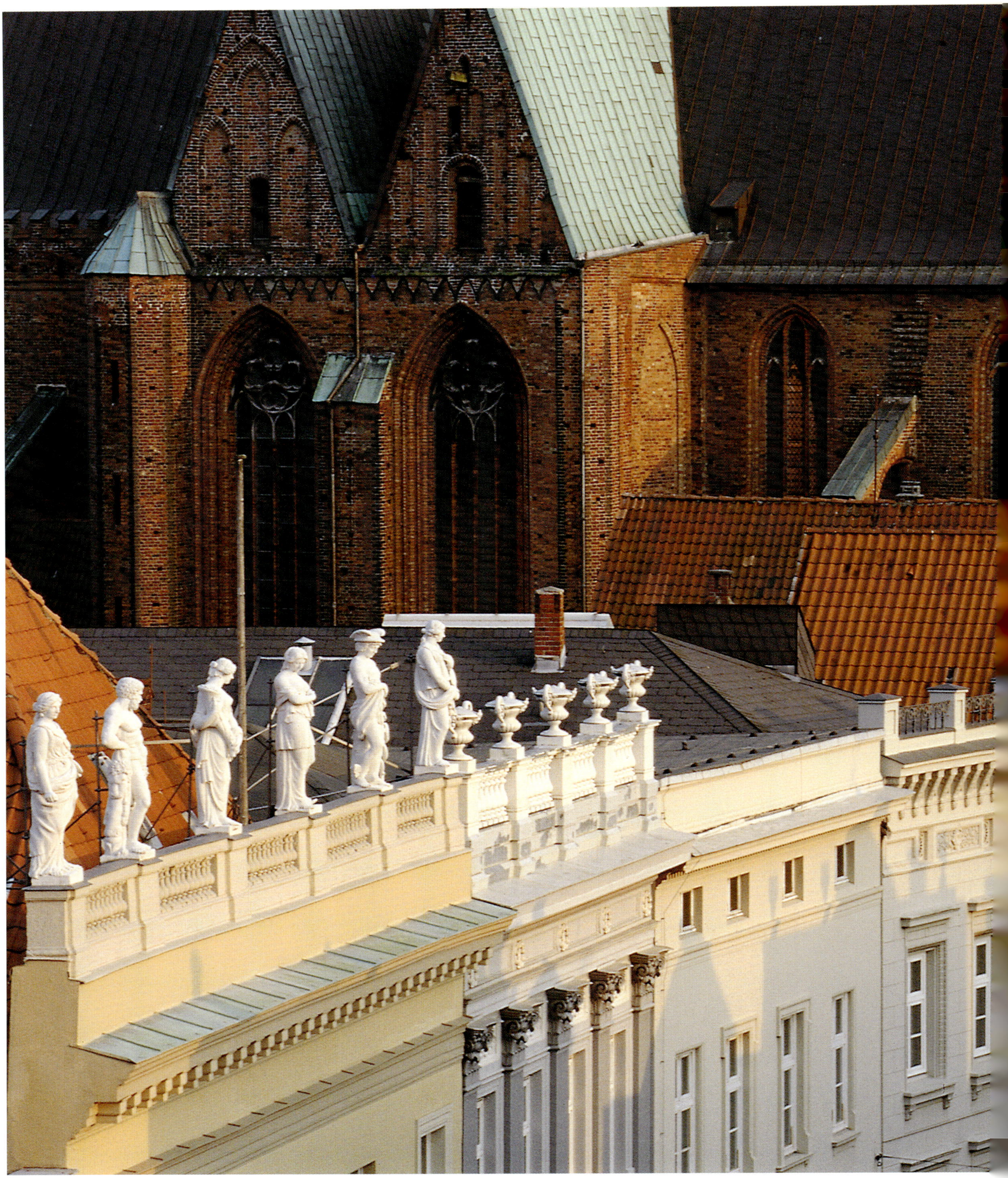

Königstraße und Katharinenkirche. Diesen ersten Abschnitt der am Koberg beginnenden Königstraße bestimmt die eindrucksvolle geschlossene Reihung spätbarocker und klassizistischer Putzfassaden, die seit dem ausgehenden 18. Jahrhundert bis um 1850 teilweise aus der Umgestaltung älterer Fronten hervorgegangen sind. Vorne links erscheint die in Norddeutschland einzigartige Figurenattika, die die um 1778 entstandene Fassade des Behnhauses (Nr. 11), seit 1923 Museum für Lübecker Bürgerkultur und neuzeitliche Kunst, abschließt, daneben die spätklassizistische Front des Hauses Nr. 13 von 1866 mit Architekturvasen auf der Balustrade über dem stark vorkragenden Kranzgesims. Die großen Dachflächen rechts lassen erkennen, daß bei der Veränderung der Fassaden die ursprünglich an den Giebel stoßenden Dächer in der Regel hinter den nun zumeist niedrigeren Fronten abgewalmt worden sind. Im Kontrast zu den farblich unterschiedlichen Putzflächen steht das gleichmäßige Backsteinrot der direkt an der Glockengießerstraße gelegenen Nordseite von St. Katharinen, deren Hochschiffwand die zwischen den dreibahnigen Fenstern aufsteigenden Strebepfeiler stützen.

Der blaue Salon im Behnhaus. Durch die zwei hohen Fenster zur Straße einfallendes Licht läßt den in der Mitte liegenden repräsentativen Haupt- und Empfangsraum im Oberschoß des im letzten Viertel des 18. Jahrhunderts errichteten Bürgerhauses sehr stimmungsvoll erscheinen. Er ist von der Diele her zu betreten und außerdem direkt mit den beiden anschließenden Eckräumen verbunden. Von seiner ersten, um 1779 gefertigten Ausstattung blieben Paneel, Fenster- und Türrahmungen sowie das reich profilierte Deckengesims erhalten, zwischen 1802 und 1805 kam die Wandbespannung mit auf Leinwand geklebten Papiertapeten dazu. Der Kristallkronleuchter mit Gerüst aus Zinn stammt aus dem endenden 18. Jahrhundert.

Flügelsaal im Haus Königstraße 9, heute Museum Drägerhaus mit Sammlung zur Kunst und Kultur Lübecks im 19. Jahrhundert. Seit altersher dienten die Flügelbauten der Kaufmannshäuser zur Unterbringung von Wohnräumen. Besonders seit dem 18. Jahrhundert sind diese in repräsentativer Weise als Säle ausgestaltet worden. Dieser um 1750 mit reichem Rokokostuck und Stuckmarmorfeldern an den Wänden sowie mit bemalten Paneelen und Türen versehene Festsaal ist in dieser Art einmalig in Lübeck. Durch die geöffnete Tür im Hintergrund fällt der Blick in das zugehörige lichtdurchflutete Gartenkabinett, dessen Wände Leinwandbespannung mit großen Rokoko-Landschaften in grüner Tonmalerei tragen.

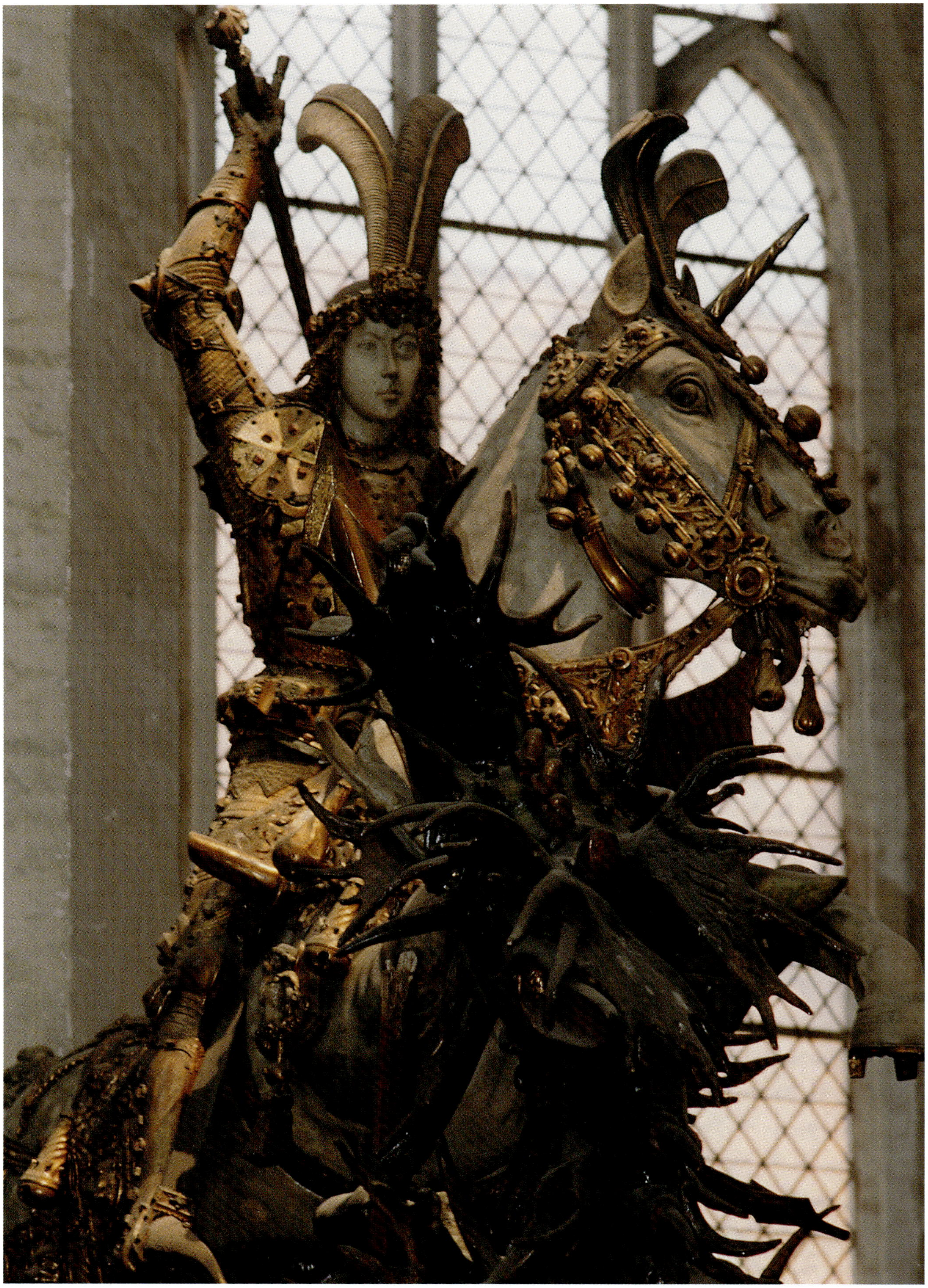

Katharinenkirche. Die nach der Besetzung Lübecks durch die Franzosen in den Jahren von 1806 bis 1813 nicht wieder in gottesdienstliche Nutzung genommene Klosterkirche diente lange Zeit profanen Zwecken, u. a. auch für Ausstellungen und Verkaufsmessen. Erst 1926 wurde sie den Lübecker Museen eingegliedert und damals als Sammlung von Abgüssen exportierter lübischer Plastik eingerichtet. Aus dieser Zeit stammt die heute im Eingangsbereich aufgestellte Kopie der großen St.-Jürgen-Gruppe, die Bernt Notke 1489 für die Stockholmer Nikolaikirche schuf. Der Abguß vermittelt eine Vorstellung von der Ausdruckskraft des Originals. In Frontalansicht erscheint der Reiter auf dem sich aufbäumenden Pferd. Seine Rechte mit dem gezückten Schwert holt zum Schlag auf den weit geöffneten Rachen des am Boden liegenden Drachen aus.

An der durch den regelmäßigen Schichtwechsel von glasierten und unglasierten Backsteinen bestimmten, in ein System hoher Blenden und Nischen dekorativ aufgelösten gotischen Westfassade verbindet sich die Kunst des 20. Jahrhunderts auf einprägsame Weise mit der Vergangenheit. In der unteren Nischenreihe stehen überlebensgroße Terrakottafiguren, von denen die hier wiedergegebenen drei 1930–1933 Ernst Barlach für einen damals vorgesehenen Zyklus Gott suchender und von ihm ergriffener Menschen schuf. Sie stellen dar: Frau im Wind, Bettler und singender Klosterschüler. Das von dem damaligen Museumsdirektor Carl Georg Heise initiierte Projekt durfte nach dem Machtantritt der Nationalsozialisten nicht verwirklicht werden, die bereits fertigen Plastiken blieben aber in Lübeck. Erst 1947 erfolgte ihre Aufstellung an der ursprünglich vorgesehenen Stelle.

Giebel in der oberen Glockengießerstraße. Die Reihe der aus verschiedenen Zeiten stammenden Giebelfronten, die ältesten gehen auf das 14. Jahrhundert zurück, wird überragt von der sich monumental abhebenden Baumasse der Katharinenkirche, deren Chor links erscheint, während rechts der gewaltige Strebebogen und die Ostwand des nördlichen Querhauses in den Straßenraum wirken. Um 1300 begann man den Bau der Klosterkirche, der bis in die 1360er Jahre hinein währte und zu den bedeutendsten Schöpfungen gotischer Bettelordensbaukunst in Norddeutschland gehört.

Glandorps Hof am Abend. Der 1612 durch den Ratsherrn Johann Glandorp für Kaufmannswitwen gestiftete Hof (Nr. 45–55) wird gegen die Glockengießerstraße durch ein hohes Vorderhaus abgeschlossen. Dahinter schließen sich beiderseits des Hofraumes zweigeschossige Backsteinflügel an, die ursprünglich nach dem Reihenhausprinzip aufgeteilt waren und über zwei Geschosse reichende Wohneinheiten enthielten. Zu diesen führten die paarweise angeordneten rundbogigen Portale. Die alten Gebäude sind 1975–1977 unter Veränderung der inneren Aufteilung neu hergerichtet worden und bieten heute die Möglichkeit ruhigen Wohnens mitten in der Stadt.

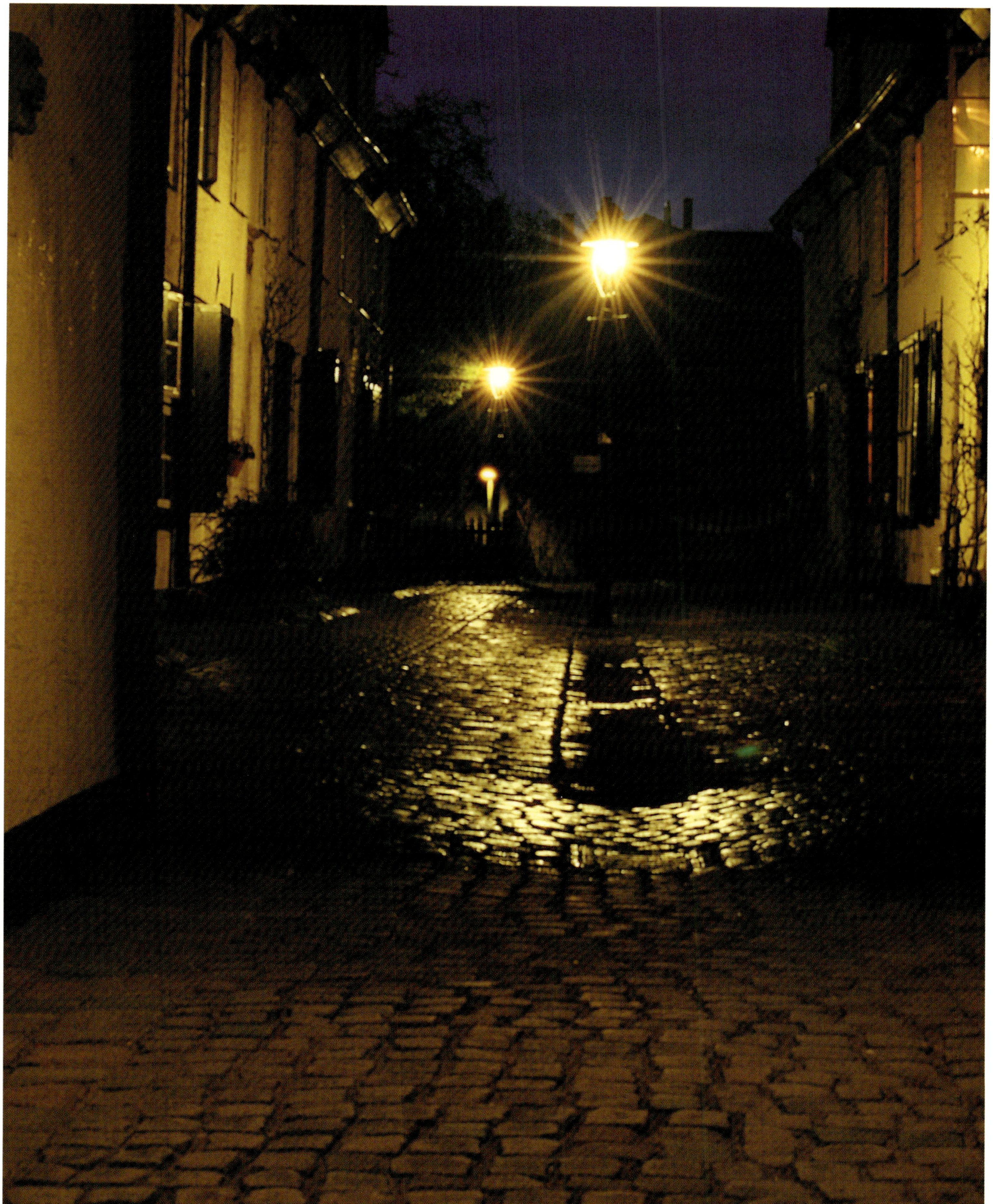

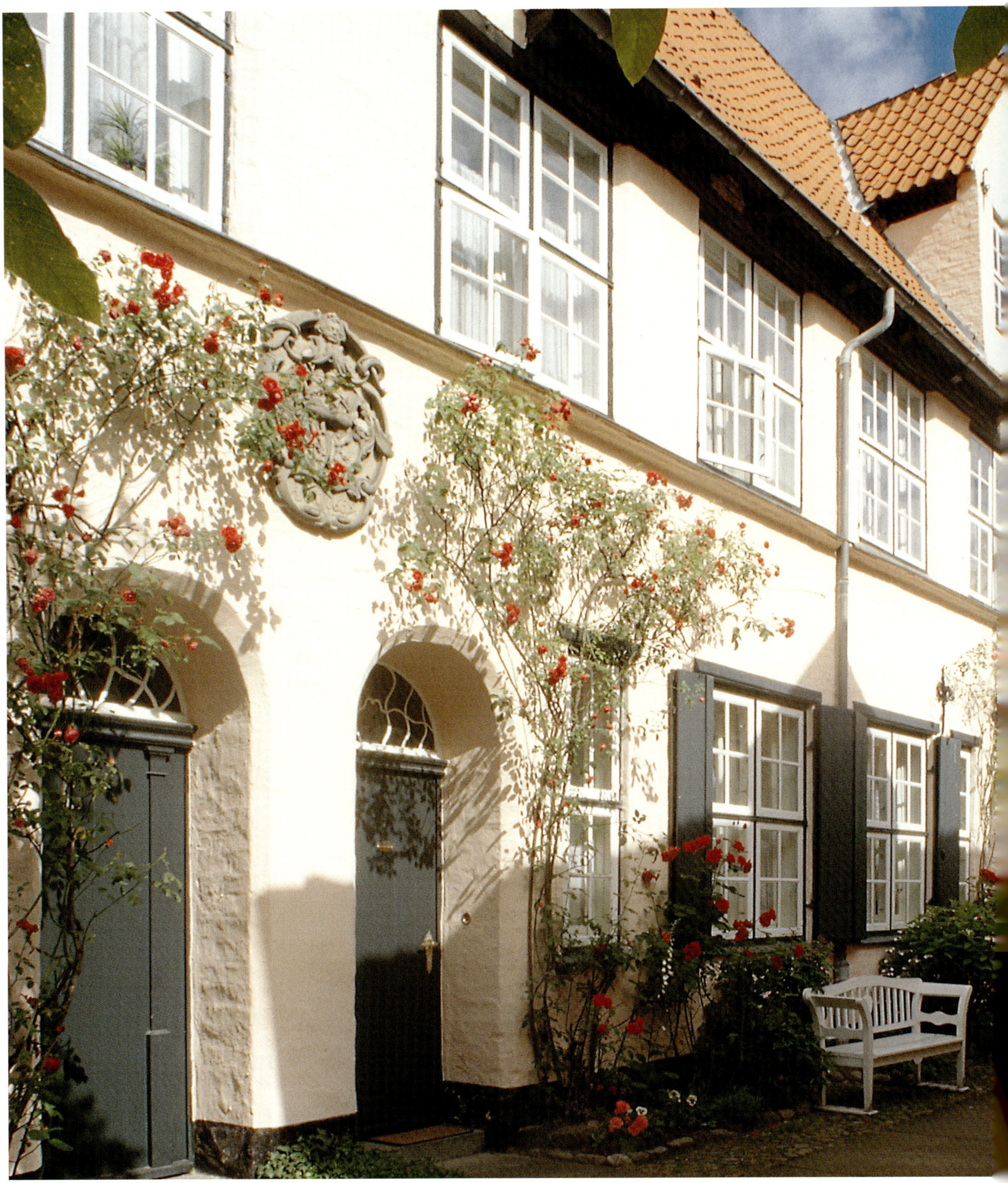

Füchtings Hof in der Glockengießerstraße (Nr. 23–27). Die Stiftung des Ratsherrn Johann Füchting für Witwen von Kaufleuten und Schiffern stellt die stattlichste Hofanlage dieser Art in Lübeck dar. 1638–1641 wurde sie von Stadtbaumeister Andreas Jeger erbaut und hat seither mehrere Veränderungen erfahren, zuletzt 1975–1977, als im Inneren neue Wohneinheiten geschaffen wurden. Im Bild der den geräumigen stimmungsvollen Hof westlich begrenzende, langgestreckte zweigeschossige Flügel, der durch die paarweise gruppierten Portale und Zwerchhäuser rhythmisiert und durch das in Sandstein gehauene Wappen Füchtings geschmückt ist. Ihn schließt nördlich ein Kopfbau ab, der erst 1719 die Arkaden im Erdgeschoß und 1821 nach Abtragung des Ostgiebels sein heutiges Walmdach erhalten hat. Er birgt im Obergeschoß das 1653 eingerichtete Vorsteherzimmer mit unverändert erhaltener originaler Ausstattung bürgerlicher Wohnkultur dieser Zeit.

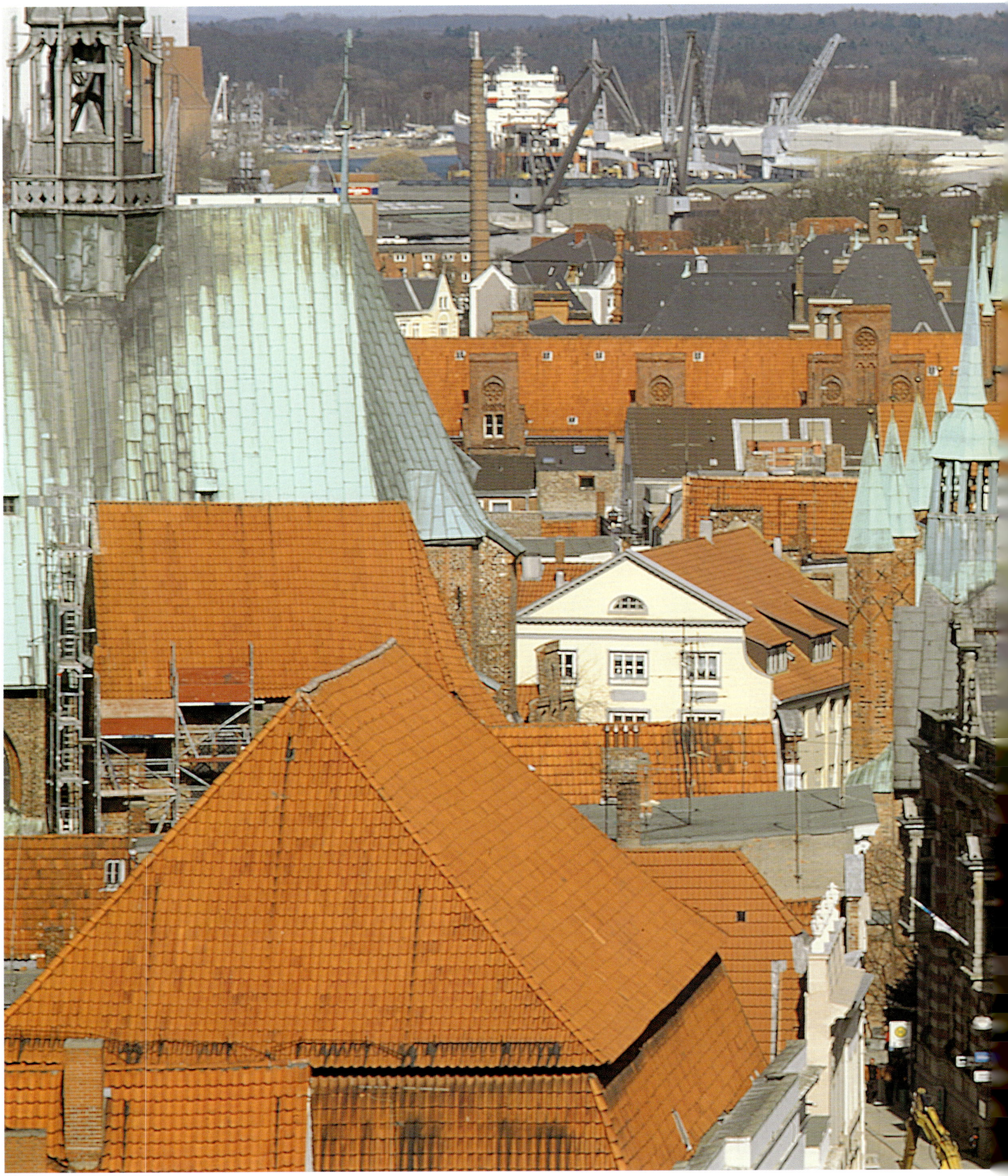

Um den Koberg. Auf einen Blick erfaßt diese ungewöhnliche Aufnahme die Dichte der hier anzutreffenden Baudenkmale. Links im Vordergrund das Mansarddach der 1824–1826 aus dem Umbau eines großen Kaufmannshauses hervorgegangenen Kirche der reformierten Gemeinde an der Königstraße (Nr. 18), dahinter Kupferdach und Dachreiter von St. Jakobi, rechts das westliche Joch der Katharinenkirche, hinter den Häusern in der Königstraße die Türmchen und der Dachreiter der Westfassade des Heiligen-Geist-Hospitals, links davon die barocke Fassade des Eckhauses am Koberg (Nr. 12). Danach erscheinen in der Mitte des Bildes die am Nordrand der Altstadt gelegenen Komplexe Burgkloster, Marstall und Burgtor. Hafen und Lauerholz bilden den Abschluß im Hintergrund.

Im Burgkloster. Die „Lange Halle" nimmt als zweischiffig ausgebildeter Raum den gesamten Nordflügel der Klosteranlage ein. Sie ist in dieser Form das Ergebnis des großen gotischen Umbaus von etwa 1400. Im Vordergrund die gemauerten spätromanischen Backsteinpfeiler der Mittelpfeilerreihe, die aus der Zeit um 1250 stammen. Damals entstanden auch die schweren Kreuzgewölbe mit breiten Gurt- und Scheidbögen sowie Kastenrippen.

DER NÖRDLICHE ALTSTADTRAND

Am nördlichen Ausgang der Stadt sind noch einmal bedeutende Zeugnisse lübischer Baukunst auf engem Raum zu erleben. Die Große Burgstraße, von vornherein besonders breit angelegt, um das Abstellen von ländlichen Fuhrwerken der Marktbeschicker zu ermöglichen, führt vom Koberg auf das sie abschließende Burgtor zur. Kurz davor liegen auf der westlichen Seite die Reste des ehemaligen Dominikanerklosters, mit dessen Bau 1229 begonnen worden ist. Die weitgehend bewahrte innere Klosteranlage mit Kreuzgang und umliegenden Klausurgebäuden zählt zu den Hauptleistungen der Backsteingotik in Norddeutschland und weist in ihren verschiedenen Abschnitten vom späten 13. bis zum 16. Jahrhundert entstandene Bauteile mit interessanter Bauplastik und Ausmalung auf. Nach außen wird sie von neugotischen Gebäuden gegen die Straße abgeschirmt: an der Stelle der einstigen, 1818/19 abgebrochenen Klosterkirche erhebt sich an der Straße Hinter der Burg ein 1874–1876 errichteter Schulbau, vor dem östlichen Klausurflügel an der Großen Burgstraße entstand 1893–1896 das ehemalige Gerichtsgebäude, heute Versorgungsamt. Unmittelbar westlich des Burgtores blieben die Gebäude des ehemaligen Marstalls für Pferde und Fuhrwerke des Rates erhalten, 1298 erstmals erwähnt und 1856 zu Gefängnissen ausgebaut, heute zum Teil als Jugendheim genutzt. Auf der anderen Seite des Tores folgt östlich das ehemalige Zöllnerhaus, das 1571 direkt an Burgtor und Stadtmauer gebaut worden ist und dessen Fassade breite Terrakottafriese aus der Werkstatt des Statius van Düren schmücken. Besonders wehrhaft gibt sich der Stadtrand nach außen. Von der Feldseite aus vermittelt die dichte Burgtorbefestigung eine Vorstellung von der einstigen Wirkung der gesicherten mittelalterlichen Stadt in ihr Umfeld. Die im Kern noch auf das frühe 13. Jahrhundert zurückgehende Stadtmauer ist nur noch hier in dieser Vollständigkeit wahrzunehmen.

Dächer, Giebel und Türmchen. Der Blick richtet sich über das pfannengedeckte Dach des Schulhaus an der Straße Hinter der Burg auf das mit Schieferdeckung versehene höhere Dach und die Schaugiebel des Gerichtsgebäudes, dessen Mauerwerk durch den Schichtenwechsel glasierter und unglasierter Ziegel dekorativ aufgelockert erscheint. Bei der Gestaltung der Giebel an der Fassade zur Großen Burgstraße wurde auf das alte Motiv der Türmchen zurückgegriffen. Alles überragt die bleigedeckte Glockenhaube des Burgtors aus dem Jahre 1685.

Stadtseite des Burgtors im Winter. Das Bild unterstreicht die enge Einbindung des Tortums in die umliegende Bebauung, zugleich seine Höhe. Der quadratische, im Kern aus dem frühen 13. Jahrhundert stammende Backsteinbau hat seine jetzige Form 1444 erhalten. Damals gestaltete Ratsbaumeister Nikolaus Peck die Fassaden neu mit umlaufenden spitzbogigen Blenden bzw. Fenstern und Maßwerkfriesen. Ursprünglich gehörte zu dieser Gliederung ein mit Erkern besetzter spätgotischer Spitzhelm, an dessen Stelle später die barocke, vom Quadrat ins Achteck überführende Glockenhaube getreten ist. Rechts rückt das den Straßenraum der Großen Burgstraße abschließende alte Zöllnerhaus ins Blickfeld. Links die Fassaden und Dachansätze der neugotischen Gebäude Schule und Gerichtshaus.

87

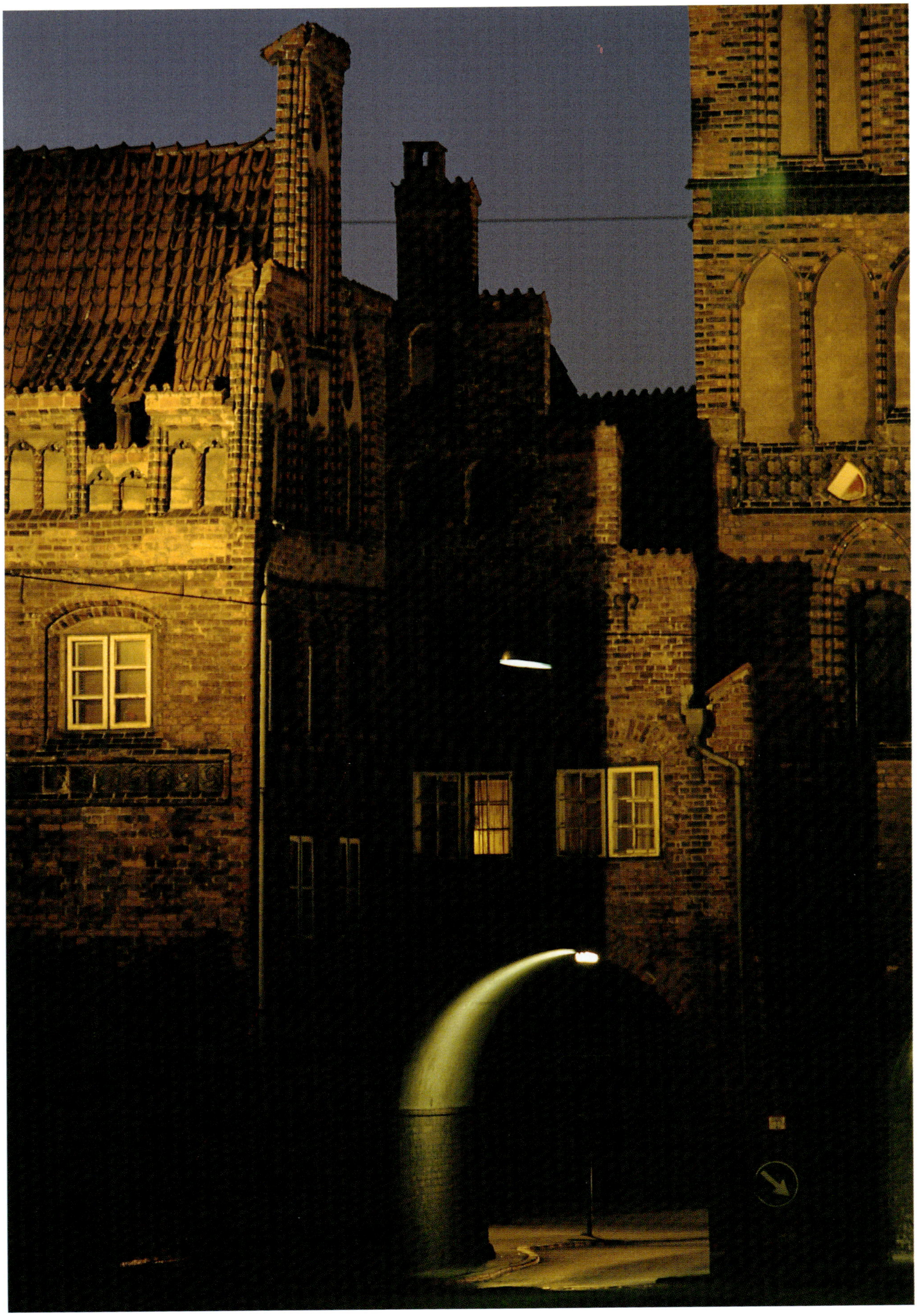

Burgtor und Marstall bei Nacht. Der in der Anstrahlung noch geheimnisvoller wirkende, zweigeschossige Marstalltrakt aus dem 15. Jahrhundert neben dem Burgtor richtet sich mit einem blendengezierten Stufengiebel zur Großen Burgstraße, während seine südliche Traufseite einen mit Maßwerkplatten gefüllten Terrakottafries und eine von Doppelnischen geschmückte Zinnenbekrönung aufweist. Im Winkel dazu steht der Verbindungsbau zum Tor aus dem späten 16. Jahrhundert. Er zeigt so einen schlichteren gestuften Halbgiebel mit rundbogigen Luken. Die Durchfahrt im Erdgeschoß ist schon 1850 ausgebrochen und 1928 auf die heutige Breite gebracht worden.

Feldseite des Burgtors mit Stadtmauer vor dem winterlichen Nachthimmel. Nur hier im Norden war früher die sonst von Wasserläufen umzogene Stadt über eine Landbrücke zugänglich und mußte daher besonders sicher befestigt werden. Noch heute ist der inzwischen durch den späteren Anbau von Häusern an der Innenseite und damit zusammenhängende Fensterdurchbrüche veränderte Mauerzug von beeindruckender Erscheinung. Der Halbturm links zeigt die wiederhergestellten ursprünglichen Schießscharten. Gegenüber der wehrhaft schlichten Stadtmauer wirkt die Fassadengliederung des Burgtores in ihrer geschoßbetonten Formgebung besonders reich.

Der hohe Halbturm rechts davon hat seine jetzige Form bei der Einbeziehung in den Bau des Marstallgefängnisses 1803 erhalten. Die rechts im Vordergrund zu sehende Treppenanlage entstand im Zusammenhang mit dem Durchstich des 1900 eröffneten Elbe-Trave-Kanals an dieser Stelle.

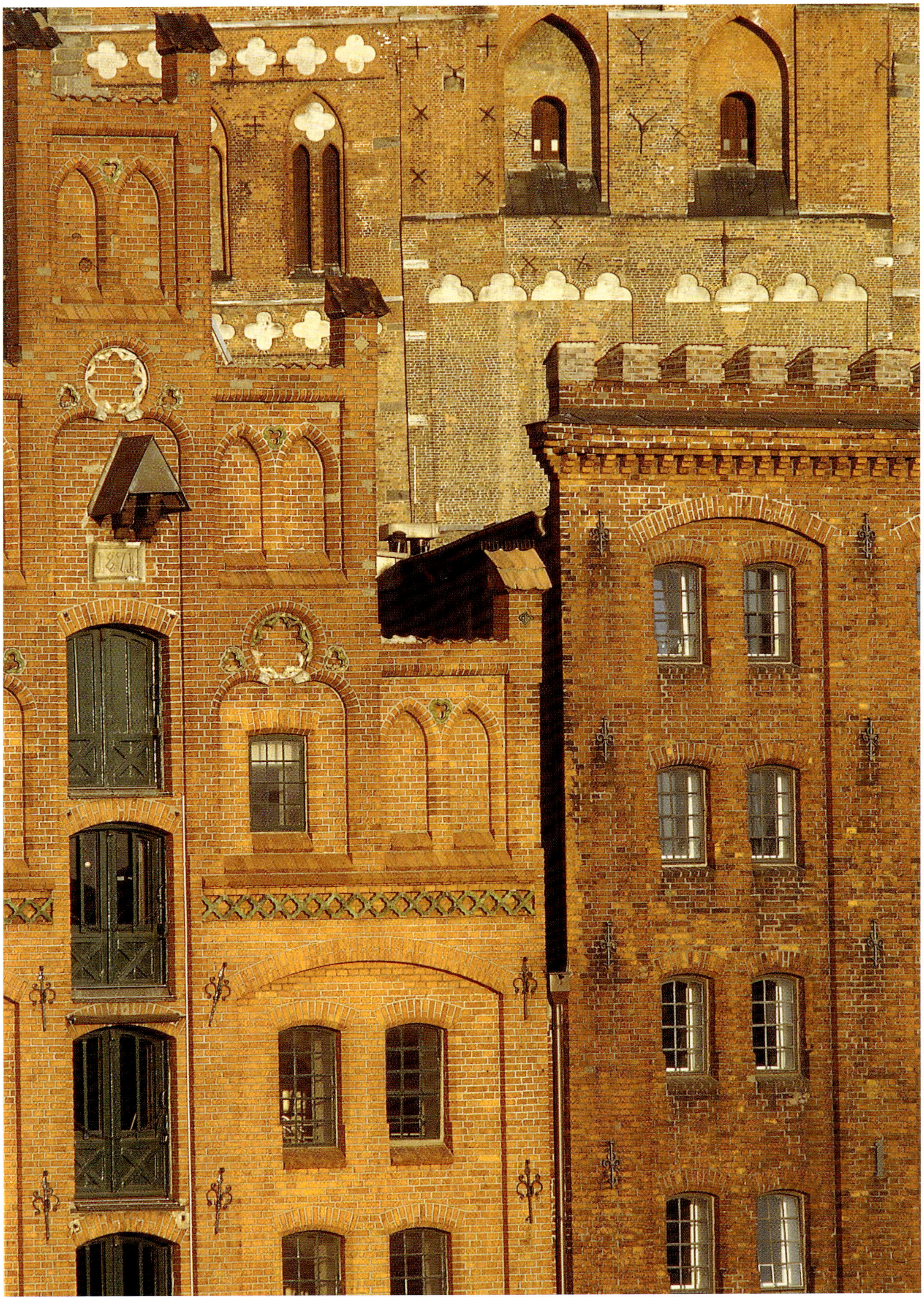
1871

DAS HAFENVIERTEL AN DER UNTERTRAVE

Die nordwestliche Stadthälfte war von alters her durch den Hafenbetrieb an der Untertrave nördlich des Holstentores bestimmt. Schon im 13. Jahrhundert reichte die Ausdehnung des Seehafens bis zur Engelsgrube. Am Ufer zog sich die Stadtmauer entlang. Sie öffnete sich unterhalb der vom Stadthügel zum Hafen hinab laufenden Straßen mit Pforten und Türmen zum Wasser. Der Warenumschlag selbst fand hinter der Stadtmauer statt. So ergaben sich enge Verflechtungen zwischen dem Kaufmanns- und dem Schifferviertel, das sich zwischen Beckergrube und Kleiner Altefähre erstreckte. Bis zur Mitte des 19. Jahrhunderts war die Travemauer mit ihren Türmen abgetragen worden. Seither wandelte sich auch die Bebauung an der Untertrave. Die älteren Häuser machten neueren Speicherbauten sowie größeren Wohn- und Geschäftshäusern Platz. Zugleich modernisierte man die Hafeneinrichtungen, es entstanden eine neue Kaimauer, Hafenschuppen und Anschlüsse an die Eisenbahn. Im Zusammenhang mit dem Bau des 1895–1900 ausgeführten Elbe-Trave-Kanals war die Landbrücke vor dem Burgtor durchstochen worden. Dahinter dehnten sich nach Norden neue Hafenbecken aus, in die sich allmählich der Betrieb verlagerte, so daß der eigentliche Stadtbereich an der Untertrave zunehmend entlastet wurde. Er macht heute einen eher ruhigen Eindruck, ist jedoch immer noch durch die hier liegenden Schiffe, darunter Segelschiff-Oldtimer und ausgediente Dampf- und Feuerschiffe, belebt und dadurch als alter Stadthafen wahrnehmbar geblieben.

An der Untertrave. Das eindrucksvolle Panorama gibt eine Vorstellung von dem sich am westlichen Altstadtrand im Bogen herumziehenden Straßenzug zwischen der Drehbrücke bei der Engelsgrube und der Holstenstraße. Die Kulisse der Giebelfronten wird durch die Masten der vor ihnen festgemachten Schiffe vertikal unterstrichen. Zwischen den Giebeln eröffnen sich immer wieder Durchblicke auf die Kirchen, beginnend ganz rechts mit den Spitzen der Domtürme über den Petriturm und die Helme der Marienkirche, neben denen auch der Dachreiter durchlugt, und schließlich im linken Teil, hinter einem Schiffsmast kaum wahrnehmbar, die Helmspitze von St. Jakobi. Die abwechslungsreiche Häuserreihe der Hafenstraße besteht aus giebel-

und traufständigen Gebäuden, von denen die ältesten in das 16. Jahrhundert zurückreichen. Nach dem Zweiten Weltkrieg sind gerade in diesem zum Teil stark zerstörten Teil viele Neubauten entstanden.

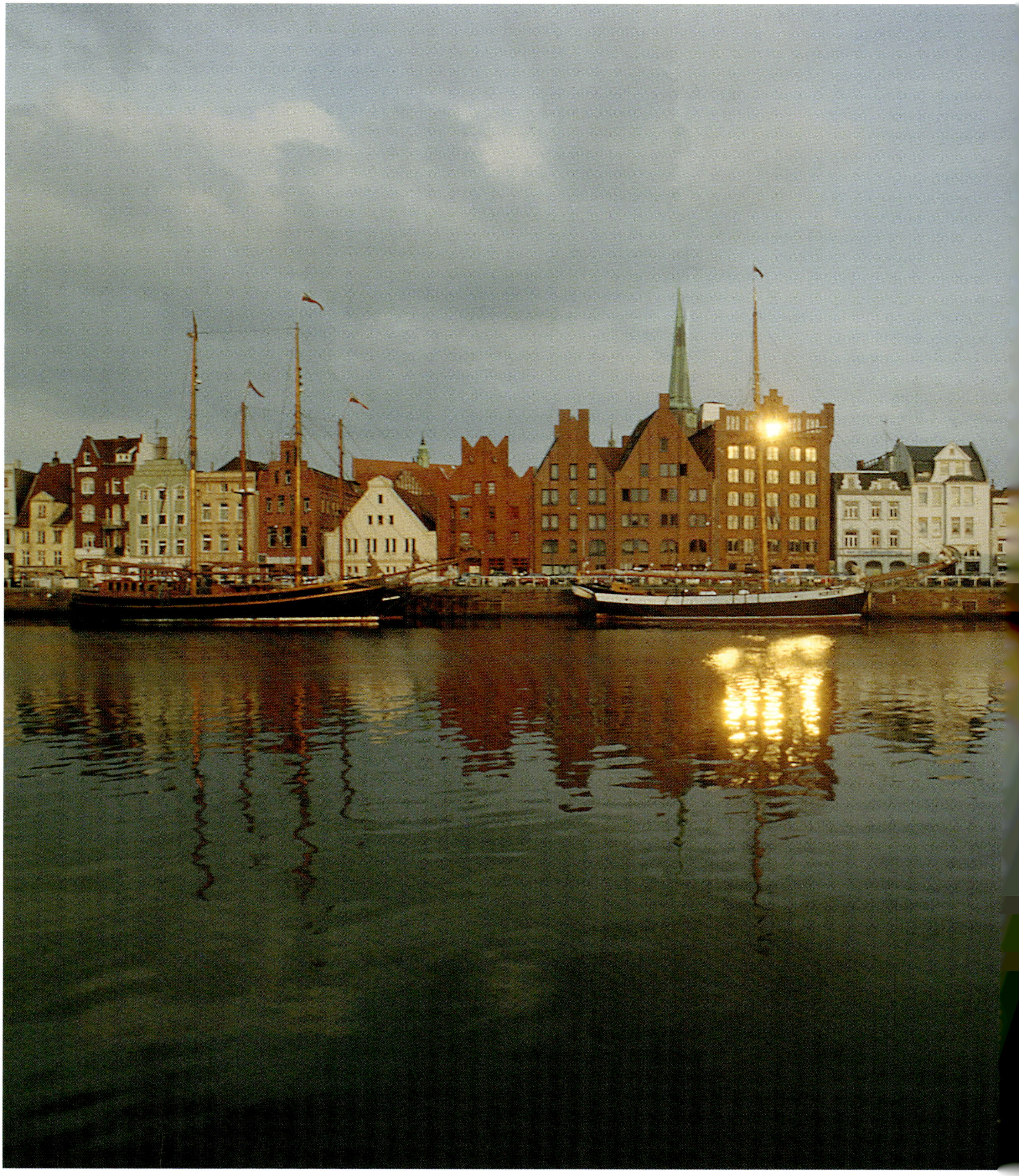

An der Untertrave zwischen Petersilienstraße und Alsheide. Die Abendsonne spiegelt sich in den Fenstern des Speichers „Eiche" (Nr. 43), der 1873 in Backsteinsichtmauerwerk mit turmartig ausgebildeter sechsgeschossiger Schaufassade als Kornspeicher errichtet worden ist. Heute dient er einem Möbelhaus als Geschäft und Lager. Hinter ihm erscheint der Turm der Jakobikirche, weiter links davon ist das Dach der Ernestinenschule zu erkennen. Die südliche Häuserzeile wird durch den Hafenschuppen verdeckt, dahinter schiebt sich die Marienkirche ins Blickfeld.

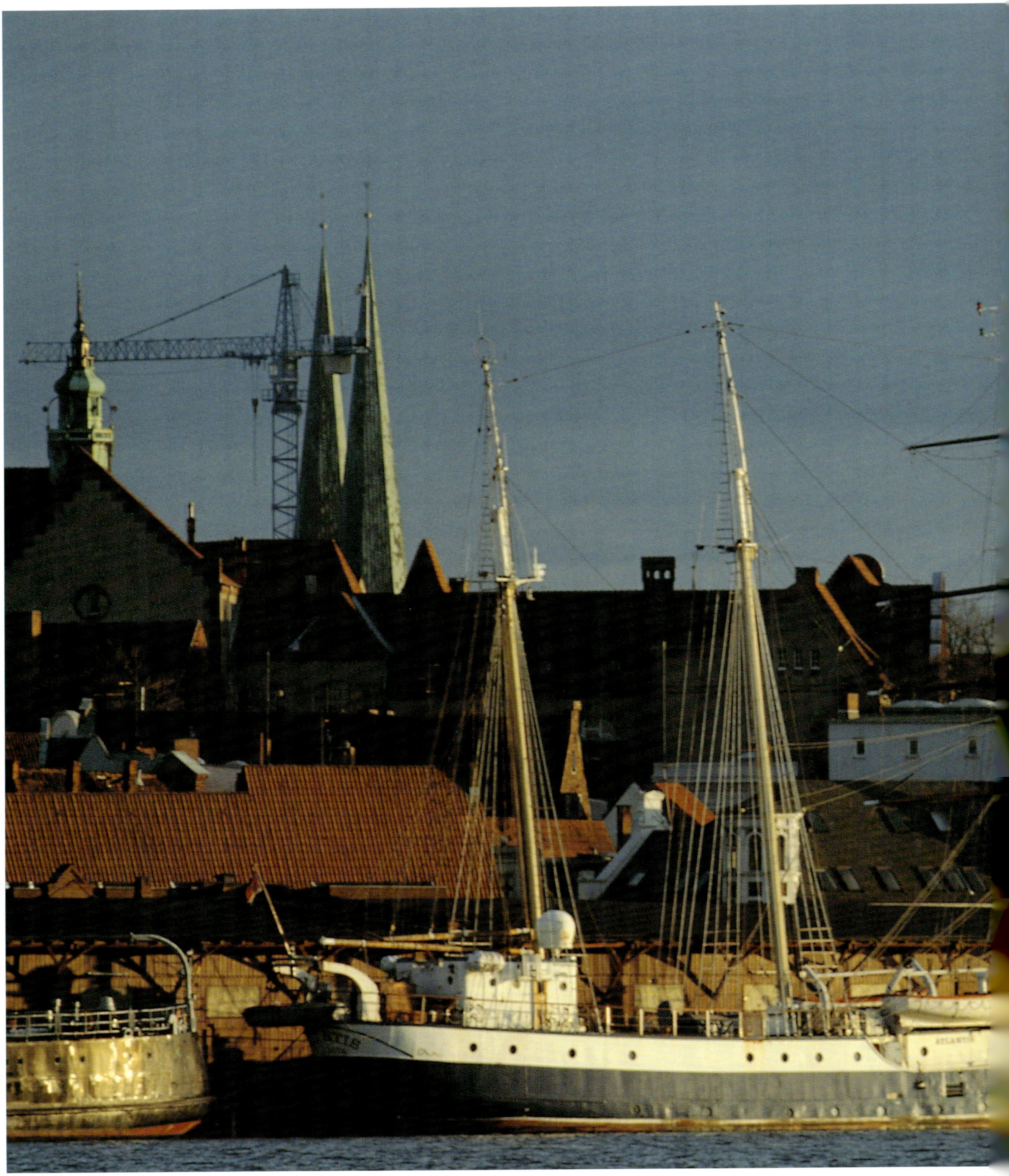

Hafen und Altstadt. Hinter dem nördlichen Abschnitt der Untertrave bei der Kleinen Altefähre erhebt sich wirkungsvoll die Altstadt in hier durch die Aufnahme verkürzt wiedergegebener südlicher Blickrichtung. Die niedrige Uferstraßenbebauung überragt der Komplex der 1903/04 erbauten Ernestinenschule an der Kleinen Burgstraße mit dem zierlichen Türmchenaufsatz, dahinter steigen die Domhelme auf. Den rechten Bildrand begrenzt der etwa 1280 vollendete Kathedralchor der Marienkirche, vor dessen Strebewerk links das Zeltdach der 1444 angefügten Marientidenkapelle zu sehen ist, umgeben von den Türmchen der Rathausschauwände.

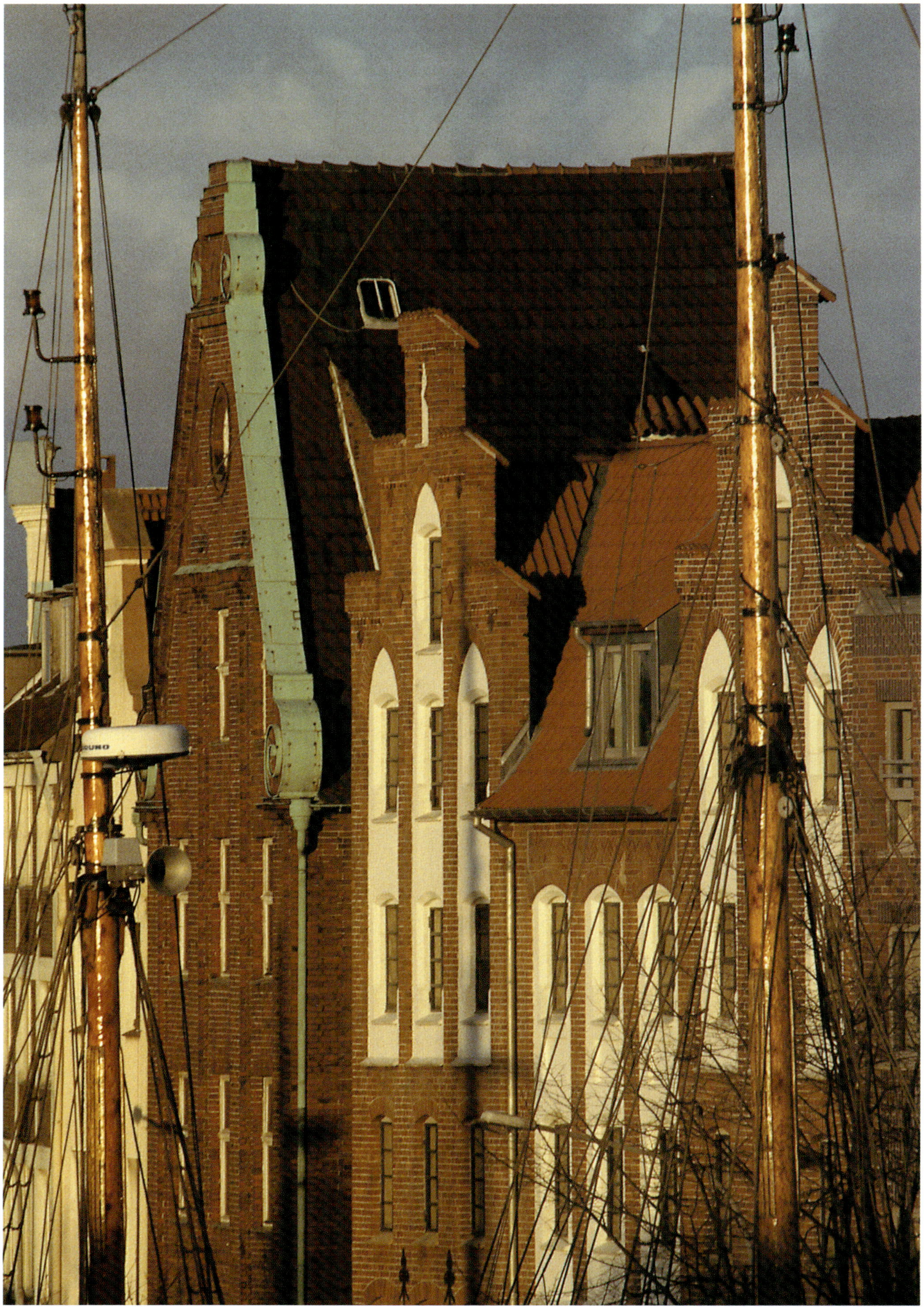

Häuserfronten im Hafenviertel. Die mit dem Hafen verbundenen Gebäude präsentieren sich an der Untertrave mit sorgsam gestalteten Schaufassaden zum Wasser. Die hier erscheinenden Backsteinfronten der Häusergruppe Nr. 79–81 wirken älter, als sie sind. Sie entstanden erst nach 1900 in den Jahren vor dem Ersten Weltkrieg, greifen aber in der Formgebung der Heimatschutzarchitektur die in der Vergangenheit entwickelten Gliederungen auf, links barockisierend mit Volutengiebel, rechts stärker gotisierend mit Staffelblenden und Stufengiebeln.

Giebel in der Alsheide. Durch die Einfügung neuer Bebauung in den alten Straßenzug, hier wurden leerstehende ehemalige Fabrikhallen beseitigt und dafür Wohngebäude errichtet, gelang es, den ehemaligen Charakter der Hafenstraße zu bewahren. Die 1979 fertiggestellte Kleinhäuserreihe auf der Nordseite der Straße ist ein augenfälliges Beispiel für die Aufnahme traditioneller Formen und deren Umsetzung in moderne Materialien und Ausdrucksweisen. Im Hintergrund Kai und Hafenschuppen.

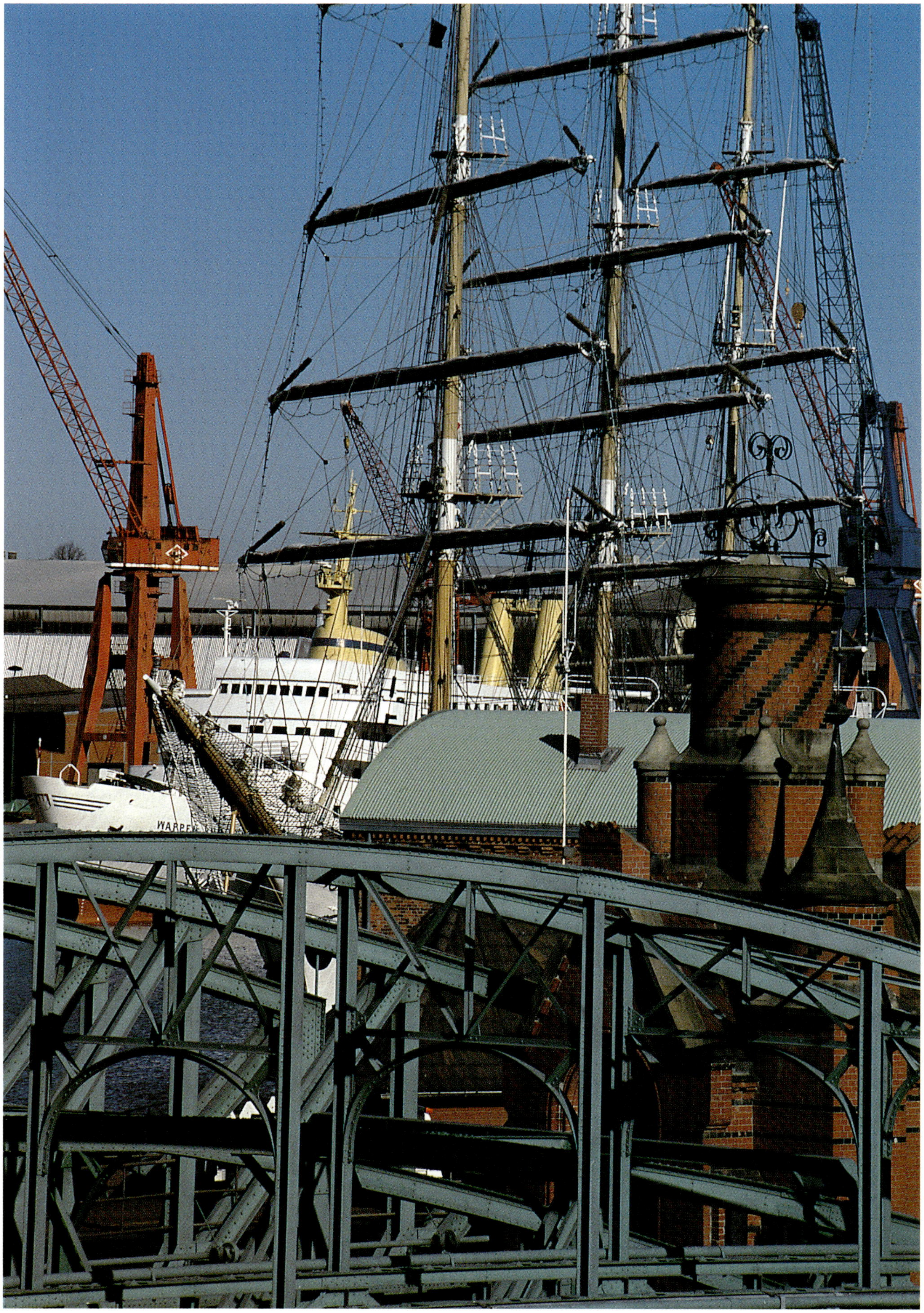

Hafenszenen. Dreimaster, moderner Kreuzfahrer, Krananlagen und Hafenbauten erscheinen hier in eindrucksvoller Verflechtung. Im Vordergrund sind die 1899 mit dem Kanalausbau entstandenen Hubbrücken an der Kanaleinfahrt unterhalb des Burgtors zu erkennen. Hinter dem eisernen Überbau aus Halbparabelträgern erhebt sich der kleinere der beiden in Anlehnung an die Wehrarchitektur in romantisierenden neugotischen Formen errichteten Betriebstürme, den runde Seitentürmchen in der unteren Zone umgeben.

Der dichte Mastenwald vor dem Abendhimmel wirkt wie ein ausgespanntes Fischernetz. Die Aufnahme ist gleichsam Symbol der alten, die Hansestadt über ihre lange Geschichte begleitenden Seeschiffahrt und des weltumspannenden Handels in früheren Zeiten.

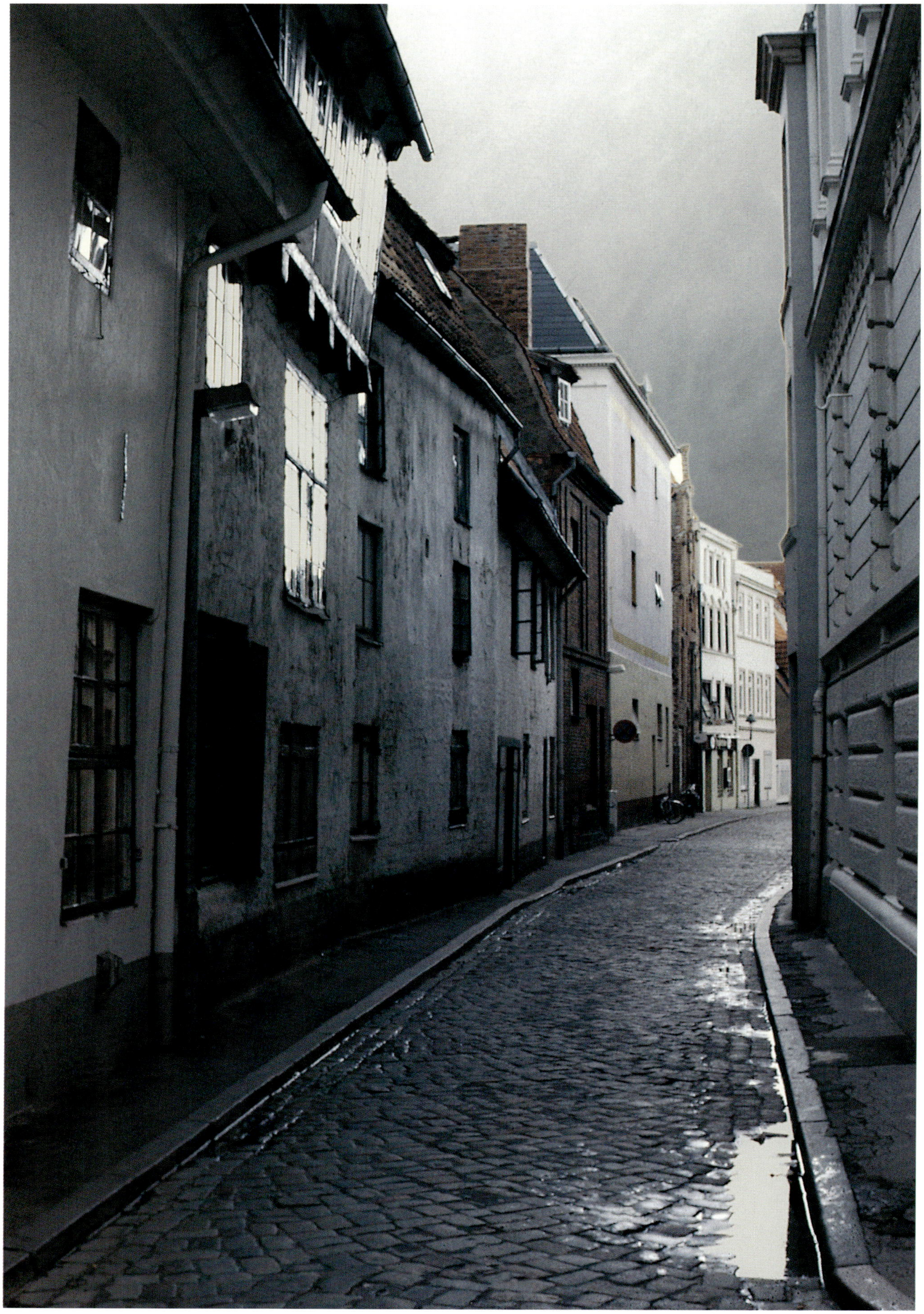

Hafenstraße. Die Böttcherstraße ist eine der parallel zur Untertrave durch das Hafenviertel laufenden Querstraßen. Sie verbindet Becker- und Fischergrube. Von ihr läuft die schmale Clemensstraße direkt zur Untertrave. Hier befinden sich überwiegend schlichte Wohngebäude, darunter vereinzelt auch noch ältere Backsteingiebelhäuser des 17. und 18. Jahrhunderts, wie hinten links zu erkennen ist. Die Front im Vordergrund links schließt an das Eckhaus Beckergrube 76 an, das seit 1443 als Backhaus bezeugt ist. Zu seinem Flügelbau gehört der auskragende Fachwerkdacherker.

Priwallhafen in Travemünde mit „Passat" in der Abenddämmerung. Seit 1329 zu Lübeck gehörig, hatte der Ort die Aufgabe, die Traveeinfahrt und damit den Weg zum Lübecker Hafen über die Trave zu schützen. 1802 wurde in Travemünde das Seebad, nach Heiligendamm in Mecklenburg das zweite Bad an der Ostsee, gegründet. Seither diente der Hafen auch verstärkt dem Passagierdampferverkehr. Im Priwallhafen, dem zur Halbinsel Priwall am östlichen Traveufer gehörigen Hafenteil, liegt seit 1960 fest verankert das 1911 in der Hamburger Werft Blohm & Voß erbaute Segelschiff „Passat", eine Viermastbark und nach Untergang des Schwesterschiffes „Pamir" im Jahre 1957 der letzte erhaltene Windjammer aus der Gruppe der Flying P-Liner der Hamburger Reederei Ferdinand Laeisz & Sohn. Die „Passat" ist inzwischen zum maritimen Wahrzeichen Travemündes geworden.

ISBN 3-8042-0844-4

© 1999 Westholsteinische Verlagsanstalt Boyens GmbH & Co. KG, Heide
Alle Rechte vorbehalten.
Gestaltung Günter Pump.
Herstellung Westholsteinische Verlagsdruckerei Boyens GmbH & Co. KG, Heide
Printed in Germany